Balsam für die Seele
Liebe

Norbert Lechleitner

BALSAM FÜR DIE SEELE

Liebe

Überraschende Weisheitsgeschichten,
die Zuneigung schenken

HERDER

FREIBURG · BASEL · WIEN

Inhalt

Vorwort

An wahre Liebe und an Rheumatismus glaubt man erst, wenn man davon betroffen ist. Davon war Marie von Ebner-Eschenbach überzeugt. Auch sie konnte nicht eindeutig erklären, was wahre Liebe ganz genau ist, denn ein jeder Mensch erlebt sie auf seine Weise. Heinrich Heine behauptet, die Engel nennen es Himmelsfreud', die Teufel nennen es Höllenleid, die Menschen nennen es – Liebe. So himmelhoch jauchzend und dann wieder zu Tode betrübt mag mancher sich fühlen, in dem die Liebe entflammt ist.

Jedes Wort, jede Geste, alles Tun und Lassen der geliebten Person ist ein Zeichen, das zu deuten ist.

Die beiden, die schon lange einander in Liebe verbunden sind, müssen nicht mehr rätseln. Ihnen gefallen schöne Überraschungen umso mehr. Mögen die Geschichten in diesem Buch den einen Deutungshilfe, den anderen Anregungen, aber allen Lesern Freude bringen.

Das wünscht Ihnen
Norbert Lechleitner

1. Wichtig

Jemand fragte den Meister, welches die wichtigste Zeit, der wichtigste Mensch und die wichtigste Aufgabe im Leben eines jeden Menschen sei.

„Die wichtigste Zeit ist immer die Gegenwart", antwortete der Meister. „Denn nur in dieser Zeit kann der Mensch über sich bestimmen.

Der wichtigste Mensch ist der, mit dem du es gerade zu tun hast. Denn du kannst nicht wissen, ob es dir vergönnt sein wird, dich noch jemals mit einem anderen Menschen beschäftigen zu können.

Das Wichtigste, was du in deinem Leben tun kannst, ist jedoch, diesen Menschen aus ganzem Herzen zu lieben. Denn nur deshalb wurdest du in die Welt gesandt, um deine Mitmenschen zu lieben."

2. Offenhalten

Der Tag der Vermählung rückte näher, und die junge Braut wurde zusehends unruhiger.

„Du musst mal raus an die frische Luft, damit du auf andere Gedanken kommst. Lass uns einen Abendspaziergang am Strand machen. Der wird dir bestimmt gut tun!", forderte ihre Mutter sie auf.

Schweigend gingen die beiden Frauen nebeneinander her, und als sie zum Strand kamen, blieben sie stehen und schauten der Sonne zu, die inmitten eines grandiosen Wolkenpanoramas im Meer versank.

„Magst du mir nicht sagen, was dich bedrückt?", fragte leise die Mutter.

Noch zögernd und nach Worten suchend murmelte die Tochter: „Ich habe plötzlich Angst vor der Zukunft. Wird unsere Liebe für ein ganzes Leben ausreichen? Muss ich nicht noch mehr lieben, um alle Sorgen und Konflikte an der Seite meines Mannes bestehen zu können? Papa und du, ihr seid doch glücklich miteinander, und ihr habt es ja auch nicht gerade leicht gehabt. Wie kann ich die Liebe in meiner Ehe so viele Jahre lang bewahren? Wie habt ihr beide das gemacht?"

Statt eine Antwort zu geben, bückte sich die Mutter und nahm Sand in beide Hände. Die rechte Hand umschloss den Sand ganz fest, und er begann, aus ihrer geschlossenen Faust zu rieseln. Je mehr sie zudrückte, desto stärker entwich der Sand seiner Umklammerung. Dann öffnete sie die Hand, in der nur noch wenige Sandkörner lagen, und auf ihrer Haut zeigten sich die Abdrücke des Sandes wie Hunderte kleiner Narben.

Die andere Hand aber hatte sie gehalten wie eine Schale. Und auch als sie diese Hand hin und her, auf und nieder bewegte, ruhte leuchtend und golden der Sand in ihrer offenen Hand.

Lächelnd sahen die beiden Frauen sich an und gingen Arm in Arm nach Hause.

3. Ein Tropfen Liebe

Eine alte arabische Geschichte berichtet, dass Maamun, der Sohn des Kalifen Harun al Raschid, eine schöne Sklavin hatte, der er sehr zugetan war. Sie wurde wegen ihrer Anmut Nesim, lieblicher Windhauch, genannt. Sie war ständig in seiner Nähe, und er verlangte, dass sie ihn auch auf seinen Reisen im Lande begleitete.

Doch eines Tages musste sie einer neuangekommenen griechischen Sklavin weichen, die den Kalifen für sich einnahm. Nesim verzehrte sich vor Schmerz und Kummer, doch klagte sie nicht und ließ sich ihre Qualen nicht anmerken.

Am ersten Tag des neuen Jahres, als der ganze Hofstaat dem Herrscher Glück wünschte und ihm Geschenke überreichte, erschien auch Nesim und reichte dem Kalifen ein edles Trinkglas aus Kristall, das mit einem feingestickten Tuche bedeckt war. Im Kristall aber war die Inschrift eingeschliffen:

Trinke, mein Freund, in langen Zügen den Kelch der Liebe.
Lasse für mich darin nur ein Tröpflein zurück.

Der Kalif war bezaubert von dem schönen Gedanken und von dem tiefen Gefühl, das sie ihm mitgeteilt hatte, und er versprach Nesim, noch am gleichen Abend den Kelch der Liebe mit ihr zu leeren und auch in vielen Stunden danach.

Diese Inschrift wurde durch die Überlieferung der Geschichte berühmt und ziert darum auch heute noch viele Trinkgefäße.

4. Siegerinnen

*E*in Sultan hatte zwei wunderschöne Frauen, die er beide gleich liebte. Und auch sie waren ihm herzlich zugetan. Um seine Liebe kundzutun, ließ er von dem besten Goldschmied des Landes zwei kostbare Halsketten anfertigen, die einander vollkommen gleich waren. Nach Stunden voller Zärtlichkeit schenkte er sie seinen Frauen, jeweils verbunden mit der Bitte, der anderen nichts davon zu erzählen. Natürlich schmeichelte das ihrer Eitelkeit, denn ein wenig Rivalität schlummerte doch in ihren Herzen.

So kam es, dass die Frauen den Sultan eines Tages mit der Frage bedrängten: „Nun sage uns doch, wen von uns begehrst du am meisten!" „Aber meine Geliebten, solche Fragen führen nur zu Enttäuschung und Unfrieden. Ich liebe euch beide mit der ganzen Glut meines Herzens." „Nein", erwiderten die Frauen wie aus einem Mund. „Wir wollen es jetzt wissen: Wer von uns ist deine heimliche Favoritin?"

So sehr der Sultan aus Klugheit und Menschenkenntnis auch versuchte, der Beantwortung dieser Frage zu entgehen, musste er schließlich doch nachgeben und sagte mit leiser Stimme: „Nun gut! Ihr habt es so gewollt. Ich sage euch die Wahrheit, und ihr müsst die Wahrheit akzeptieren und dürft mich nie wieder mit dieser Frage bedrängen. Versprecht ihr das?"

Bebend vor Erwartung schworen die Frauen Einverständnis und Frieden, und der Sultan flüsterte: „Diejenige, der ich die goldene Kette schenkte, die liebe ich am meisten." Die Frauen strahlten sich an, denn jede wusste nun, dass sie den Wettstreit gewonnen hatte.

5. Inbrunst

Eine junge Frau war auf dem Weg zu ihrem Geliebten. In ihrer Freude auf das bevorstehende Wiedersehen mit ihrem Freund sah sie den betenden Mullah nicht, als sie vor ihm vorüberging, was nach dem Gesetz des Islam verboten ist. Den Mullah ärgerte dieser Frevel sehr, und er beschloss, die Frau bei ihrer Rückkehr zur Rede zu stellen.

Als er sie erblickte, stellte er sich in ihren Weg und begann, ihr heftige Vorwürfe zu machen: „Wie konntest du es wagen, eine solch große Sünde zu begehen, indem du vor mir hergingst, während ich betete?"

Verwirrt ob dieser Schimpftiraden fragte die Frau den zornigen Mullah: „Was ist das: Beten?"

Das machte den Mullah sprachlos. Er hielt inne mit seinen Vorhaltungen, und sein Zorn verflog. „Du weißt nicht, was Beten ist? Dann will ich es dir erklären. Während ich bete, denke ich an Gott, den Herrn des Himmels und der Erde. Ich öffne ihm meinen Geist und mein Herz, und mein Inneres spricht zu ihm."

„Es tut mir sehr Leid, wenn ich aus Unwissenheit einen Fehler gemacht habe. Aber ich weiß kaum etwas von Gott und vom Beten. Niemand hat mich darüber belehrt. Ich war auf dem Weg zu meinem Geliebten und ganz von Sehnsucht erfüllt. Ich sah nicht, dass Sie beteten. Aber wie konnte es sein, dass Sie mich bemerkten, wo doch Ihr Geist und Ihr Herz auf Gott gerichtet war?"

Tief beschämt bat der Mullah um Verzeihung für sein Verhalten und sagte: „Ich bin es, der von dir lernen kann."

6. Augenblick

Was bedeutet schon die Zeit?", sagte der Meister. "Und was bedeutet ein Augenblick? Flüchtige Begriffe, die die Sinne täuschen. Madschnun widmete sein Leben einzig und allein der Liebe zu Leila, der Frau, die er nie erreichen konnte, da sie mit einem anderen vermählt war. Doch bekümmerte es ihn nicht, dass seine Liebe in dieser Welt ohne Hoffnung blieb. Die Liebe allein war für ihn von Bedeutung.

Ein Gelehrter wollte Madschnun aus seinem Wahn befreien. Um ihm zu verdeutlichen, wie viele Jahre seines Lebens er schon vergeudet hatte, fragte er ihn:

,Madschnun, sage mir, wie alt du bist.'

Er musste die Frage mehrmals wiederholen, bis seine Stimme den Liebenden erreichen konnte.

Wie aus einem Traum erwachend, wandte sich Madschnun endlich dem Frager zu und antwortete mit leiser Stimme:

‚Eintausend und dreißig Jahre bin ich alt.‘

‚Willst du mich verhöhnen?‘, rief der Gelehrte. ‚Das Alter, das du mir nennst, kann doch nur deiner verwirrten Phantasie entspringen. Oder solltest du wirklich so verrückt sein, wie die Leute von dir behaupten?‘

Keine Miene bewegte sich in Madschnuns Gesicht. Gelassen sah er dem gestenreichen und lautstarken Gefühlsausbruch des Gelehrten zu, und da dieser keine Ruhe geben wollte, sagte er endlich:

‚Ich bin tausend und dreißig Jahre alt. Was verwundert dich daran? Denn tausend Jahre dauerte der Augenblick, als Leilas und meine Augen sich trafen, und dreißig ist die Zahl der Jahre, die ich vorher und nachher ohne sie lebte.‘“

7. Füreinander bestimmt

er Philosoph Moses Mendelssohn wurde nicht nur von den jüdischen Gemeinden hoch verehrt. Sein Vorbild und seine aufgeklärte Toleranz verewigte Lessing in seinem Schauspiel „Nathan der Weise". Zu den Verehrerinnen Mendelssohns zählte auch die Tochter des Kaufmanns A. Guggenheim aus Hamburg, der ihn gerne als seinen Schwiegersohn gesehen hätte. Darum lud er Mendelssohn zu einem Besuch nach Hamburg ein.

Guggenheim hieß ihn herzlich willkommen und stellte ihm nach einiger Zeit seine Tochter vor. Dann ließ er die beiden allein.

Am nächsten Tag besuchte Mendelssohn den Kaufmann in seinem Büro. Die beiden waren etwas bedrückt, und keiner schien die richtigen Worte finden zu können. Mendelssohn räusperte sich und sprach von der anmutigen Tochter, die ihm sehr gefalle. Guggenheim war sichtlich unwohl zumute. „Soll ich Ihnen ehrlich sagen ...“

„Ja, natürlich. Ich bitte Sie“, unterbrach ihn Mendelssohn.

„Da Sie ja ein Philosoph sind, ein wohldenkender und weiser Mann“, fuhr Guggenheim zögernd fort, „ und Sie das Leben kennen, werden Sie es meinem Kinde nicht übelnehmen, dass sie, wie sie mir gesagt hat, erschrocken sei, als Sie sie gesehen hat, weil Sie ...“

„Weil ich einen Buckel habe!“, fiel ihm Mendelssohn ins Wort. Guggenheim nickte stumm.

„Ich habe nicht erwarten können, dass dies nicht passieren würde. Und ich habe das Entsetzen Ihrer Tochter wohl bemerkt, auch wenn sie sich sehr bemühte, es mich nicht merken zu lassen, um meine Gefühle nicht zu verletzen. Doch da ich Ihre Tochter liebgewonnen habe, möchte ich sie zum Abschied gerne noch einmal besuchen dürfen.“

Guggenheim gab seine Einwilligung, und Mendelssohn fand das Mädchen bei einer Näharbeit am Fenster sitzend. Mendelssohn nahm einen Stuhl, setzte sich zu der Tochter und unterhielt sich freundlich mit ihr. Doch das Mädchen sah kein einziges Mal von ihrer Näharbeit auf.

Sie hatten ganz allgemein von Glück, Ehe und Familie gesprochen, als das Mädchen fragte: „Glauben Sie etwa auch, dass die Ehen im Himmel geschlossen werden?"

„Ganz bestimmt glaube ich das", antwortete der Philosoph. „Und ich weiß es aus eigener Gewissheit. Ihnen ist doch die Sage aus dem Talmud bekannt, die davon berichtet, dass bei der Geburt eines Kindes im Himmel festgelegt wird: Der und der bekommt die und die! Nun wurde auch mir meine zukünftige Frau zugewiesen, und dabei hieß es, dass sie einen Buckel haben wird. ‚Lieber Gott', schrie ich da auf, ‚das kann dein Wille doch nicht sein, ein so schönes Geschöpf durch einen Buckel zu verunstalten. Lieber Gott, dann gib besser mir den Buckel und lasse das Mädchen schön und anmutig sein.'"

Kaum hatte Mendelssohn das gesagt, als ihm das Mädchen zärtlich lächelnd um den Hals fiel.

8. Vergossen

Kurz vor seinem Examen hatte Yün Meng den Studenten Lin Yu geheiratet, denn als Frau eines jungen Akademikers, der eine glänzende Karriere vor sich hatte, erträumte sie sich eine sorgenfreie Zukunft. Lin Yu bestand sein Examen mit Auszeichnung, doch niemand wollte dem jungen Mann eine Anstellung geben, da er über keinerlei Beziehungen verfügte. Das wenige Geld, das ihnen verblieben war, reichte einige Zeit für das Lebensnotwendige, aber bald konnten sie sich nicht einmal mehr den täglichen Reis leisten. Unverdrossen suchte Lin Yu nach einer Anstellung, aber niemand wollte ihn haben. Mit dem geringen Verdienst für gelegentliche Schreibarbeiten fristeten er und seine Frau ihr karges Leben.

Lin Yu liebte seine Frau sehr, und es schmerzte ihn, mitansehen zu müssen, wie sie unter den dürftigen Lebensumständen litt. Seine Liebe war für ihn ein großer Ansporn, seine Hoffnungen auf eine glücklichere Zukunft nicht aufzugeben. Doch Yün Meng war des Wartens müde. Sie war enttäuscht und fühlte sich vom Schicksal betrogen. Ihr war klar, dass die schönsten Jahre ihres Lebens vorübergingen, ohne dass sie Gelegenheit gehabt hatte, es in vollen Zügen zu genießen. Und so wie in den letzten zwei Jahren wollte sie auf keinen Fall für immer weiterleben.

Eines Tages fasste sie den Entschluss, ihren Mann um ihre Freiheit zu bitten, damit sie sich einem Mann anschließen könne, der ihr ein besseres Leben zu bieten hätte. Mit schmerzendem Herzen sah Lin Yu seine Frau nur stumm an. Sie zählte ihm alle Vorteile einer Trennung auf: Er sei auch wieder frei und brauche nicht mehr für sie zu sorgen, und er käme mit seinem geringen Verdienst alleine viel besser zurecht.

Lin Yu konnte sich nicht entschließen, sich von Yün Meng zu trennen. Doch sie ließ nicht locker. Ihre Argumente wurden nachdrücklicher, und als sie ihm erklärte, dass sie ihre Ehe mit einem Versager wie ein Gefängnis empfinde, gab er sie frei. Sie trennten sich, und Yün Meng zog wieder zu ihrer Mutter.

Lin Yu aber suchte weiter nach einer Arbeit. Eines Tages konnte er eine geringe Stelle in einem Büro übernehmen, für das er schon öfter kleine Aufträge erledigt hatte. Dort erkannte man rasch seine außergewöhnlichen Fähigkeiten, und binnen weniger Jahre war er in eine leitende Position aufgestiegen. Nun endlich konnte er ein standesgemäßes Leben führen, das seiner Persönlichkeit und seinen Interessen angemessen war. Er war glücklich, dies aus eigener Kraft geschafft und trotz der Krisen den Glauben an sich nicht verloren zu haben. Als sich sein behaglicher Wohlstand um eine nicht eben geringe Erbschaft vermehrte,

durfte er sich als wohlhabender Mann ansehen, den zumindest keine finanziellen Sorgen
mehr drücken würden.

Yün Meng aber war es nicht besonders gut
ergangen. Ihre Mutter war gestorben. Keiner
von den Männern, um die sie sich bemüht
hatte, wollte sie heiraten. Sie lebte allein wie
eine Witwe in ihrem Elternhaus. In ihrer Erinnerung begann sich die Zeit mit ihrem sanft-
mütigen früheren Ehemann zu verklären, und
sie fing an, sich nach seiner Liebe zu sehnen.
Dass Lin Yu zu Reichtum und Ansehen gekommen war, machte ihr Verlangen nur noch
größer.

Eines Tages überwand sie ihren Stolz und
suchte Lin Yu im Garten seines Hauses auf.
Sie bat ihn, sie als seine Ehefrau wieder anzu-
nehmen. Wie damals, vor einigen Jahren, sah
Lin Yu sie lange an und schwieg.

„Ich bin noch immer arm und allein", sagte
Yün Meng. „Ich habe mich nicht wieder ver-

heiratet. Ich sehne mich so nach dir. Und weil du mich doch einmal geliebt hast, bitte ich dich, lass mich wieder zu dir kommen."

„Nimm diesen Krug mit Wasser", sagte er endlich. „Und gieß ihn hier auf den Boden aus."

Yün Meng tat wie er verlangte. Sie goss das Wasser aus, das schnell versickerte, und fragte sich, was er wohl damit bezwecke.

„Nun fülle das Wasser, das du ausgegossen hast, wieder in den Krug!" forderte Lin Yu sie auf.

„Wie soll das gehen, dass ich das Wasser wieder einfüllen soll, welches ich vergossen habe?" verwunderte sich Yün Meng.

„Du sagst es", nickte Lin Yu.

9. Netzwerk

Vor vielen Jahren galt in einem einsamen Fischerdorf an der Küste nach wie vor das ungeschriebene Gesetz der Vorfahren. Es gab verschiedene Arten der Bestrafungen, Prügelstrafen ebenso wie den Pranger und den Galgen.

Eine Frau jedoch, die eindeutig des Ehebruchs überführt wurde, musste nach dem überlieferten Gesetz von der höchsten Felsenklippe hinab ins Meer gestürzt werden.

Einmal geschah es, dass der Rat der Dorfältesten eine junge Frau zu dieser grausamen Strafe verurteilte. Sie hatte mit einem fremden Seemann die Ehe gebrochen, als ihr Mann auf dem Meer zum Fischfang war. Doch in der Nacht, bevor das Urteil vollstreckt werden sollte, spannte ihr Mann ein Netz aus Seilen über den Abgrund, knüpfte sein Fischernetz darüber und legte büschelweise Stroh und Seegras hinein.

Im Morgengrauen war das ganze Dorf auf der Klippe versammelt. Gefasst erwartete die junge Frau den Tod. Sie hatte keine Tränen mehr, denn längst hatte sie ihren Fehltritt bereut. Noch einmal bat sie um Vergebung, doch dem Gesetz des Dorfes wurde Genüge getan. Aber die Frau stürzte nicht in den Tod, sondern in das Netz der Liebe ihres Mannes.

Die Dorfältesten waren ratlos. Noch nie hatten sie erlebt, dass die Vollstreckung eines Urteils verhindert wurde. Sie trugen deshalb ihren Fall der Landesherrin zur Entscheidung vor. Die Herzogin brauchte nicht lange nachzudenken und sagte: „Wenn ihr eigener Mann den Betrug verzeihen kann, warum nicht auch ihr?" Und sie schenkte der Frau des Fischers ihr eigenes goldenes Haarnetz als Zeichen dafür, welche Netze ihre Schuld aufgefangen hatten.

10. Hinwendung

Der Meister war mit einer Schar auserwählter Schüler auf dem Weg zu einer mehrere Tagesreisen entfernten heiligen Stätte. Um sich auf den Ort und die heiligen Handlungen vorzubereiten, hatten sie beschlossen, trotz der Strapazen der Reise ihre Zeit bis dahin in strengem Fasten zu verbringen.

Am späten Nachmittag kamen sie in ein Dorf, in dem sie über Nacht bleiben wollten. Die Dorfbewohner fühlten sich durch den Besuch sehr geehrt, und in kurzer Zeit hatten sie ein opulentes Festmahl hergerichtet, mit allem, was ihr Dorf an Wohlschmeckendem zu bieten hatte: große Schalen mit duftendem Reis, gebratenes Ziegenfleisch, köstliche Saucen, frische Früchte und süßes Naschwerk.

Als der Meister und seine Reisegruppe

freundlich zu Tisch gebeten wurden, ging nur der Meister hin. Verwundert sahen sich die Schüler an: Hatten sie nicht eine Fastenzeit vereinbart? Sollte der Meister das plötzlich vergessen haben? Aber nie hätten sie es gewagt, ihn zurückzuhalten. Der Meister nahm an der reich gefüllten Tafel Platz und ließ es sich schmecken, während seine Adepten ihre knurrenden Mägen nur mit heißem Tee füllten. Auf die diskrete Frage des Dorfältesten, warum denn seine Schüler ihr Essen verschmähten, antwortete der Meister im beiläufigen Tonfall: „O, sie verschmähen eure Köstlichkeiten durchaus nicht. Aber sie fasten."

Als die Reisegruppe am nächsten Morgen in aller Frühe das Dorf verließ, konnten die Schüler nicht länger an sich halten: „Wie konnte es geschehen, dass du dich gestern abend satt gegessen hast, obwohl doch für die ganze Reise eine Zeit des Fastens beschlossen worden war. Hattest du das etwa plötzlich vergessen?"

„Nein, natürlich hatte ich das nicht vergessen", antwortete lächelnd der Meister. „Ich habe es nur vorgezogen, lieber das Fasten zu brechen als die Herzen der Menschen, die mit viel Liebe und Mühe das Essen vorbereitet und uns freundlich eingeladen hatten."

11. Zeit haben

An einem schönen Sommernachmittag setzte sich eine junge Frau neben einen Mann auf die Parkbank, die am Rande des Kinderspielplatzes stand.

„Der Kleine im roten Pullover dort auf der Rutschbahn ist mein Sohn", erklärte sie ihrem Nachbarn.

„Wirklich ein netter Bursche", sagte der Mann. „Mein Sohn ist der im blauen Anorak dort auf der Schaukel."

Und während er das sagte, schaute er auf seine Uhr und rief zu seinem Sohn hinüber: „Stefan, wir sollten nach Hause gehen."

„Nur noch fünf Minuten! Bitte, Papa, noch fünf Minuten", bettelte Stefan. Der Vater nickte zustimmend, und sein Sohn gab der Schaukel neuen Schwung. Der Vater machte es sich noch einmal bequem, genoss ein paar

Minuten lang den Sonnenschein auf seinem Gesicht und schaute den spielenden Kindern zu. Doch dann rief er: „Stefan, komm, wir gehen jetzt!"

„Ach, Papa, noch fünf Minuten. Bitte, nur noch fünf Minuten!"

Der Vater lächelte und rief: „Also gut, meinetwegen!"

„Sie sind aber wirklich ein sehr großzügiger Vater", sagte die junge Frau.

„So großzügig bin ich gar nicht zu ihm. Es ist schon eher meinetwegen", erwiderte der Mann. „Wissen Sie, vor einem Jahr verunglückte mein ältester Sohn Florian tödlich, als er hier in der Nähe auf seinem Fahrrädchen von einem betrunkenen Autofahrer überfahren wurde. Ich hatte wegen meiner Arbeit nie viel Zeit mit Florian verbracht, und jetzt würde ich alles geben für fünf Minuten mit ihm. Ich habe geschworen, bei Stefan denselben Fehler nicht noch einmal zu machen. Er glaubt, er

habe noch fünf Minuten zum Schaukeln gewonnen. In Wahrheit habe ich noch fünf Minuten bekommen, um meinem Sohn beim
Spielen zuschauen zu dürfen."

12. *Mutter*

D ie Trasse für die neue Straße war längst
abgesteckt. Doch in der Nähe einer kleinen Ortschaft behinderte ein großer Felsen
die einfache Streckenführung. Die Planer hatten entschieden, dass ein kurzer Tunnel die
preiswerteste Lösung sei. Die Einwohner hatten sich seit Tagen an den Lärm der Signalhör-
ner und das ohrenbetäubende Donnern der
Detonationen gewöhnt.

Die Bauarbeiter waren erfahrene Männer,
für die Sprengarbeiten zum Arbeitsalltag ge-
hörten. Der Sprengmeister füllte das Bohrloch
mit Dynamit, dann gab er das Signal, und alle
Leute brachten sich in Sicherheit.

Nie hatte es ein Unglück gegeben. Doch eines Tages geschah das Unerwartete: Das
Sprengsignal war kaum verhallt, die Arbeiter
hatten sich zurückgezogen, die Lunte brannte

und jeden Augenblick musste die Explosion erfolgen, als die Männer zu ihrem Entsetzen ein kleines Kind direkt auf den Sprengort zulaufen sahen.

Sich der drohenden Gefahr nicht bewusst, beugte es sich sorglos nieder und hob einen bunten Stein auf.

In ihrer Panik standen die Männer hinter ihren Deckungen auf, riefen das Kind, gaben ihm mit ihren Armen Zeichen, und fröhlich winkte das Kind zurück. Als hätte der Schreck ihnen allen die Beine gelähmt – keiner der Männer rannte vor, um das Kind zu retten, denn jeder von ihnen wusste, dass sie den Rückweg nicht geschafft hätten. Das Verhängnis nahm seinen Lauf.

Das Kind wäre von den Gesteinsmassen erschlagen worden, wenn seine Mutter sich nicht genähert hätte.

Sofort erkannte sie die Situation und tat, was unter diesen Bedingungen nur eine Mutter tun kann: Sie kniete nieder und öffnete lächelnd weit ihre Arme.

Das Kind lief auf sie zu. Als die Explosion die Stille zerriss, war das Kind sicher in ihren Armen.

13. Herzlich

Eine Mutter kam mit ihrem siebenjährigen Sohn in die Sprechstunde des Therapeuten, weil der Kleine immer so unruhig und unkonzentriert sei, wie sie erklärte. Der Therapeut fragte die Mutter nach dem Tagesablauf des Jungen.

„Also, wenn er nicht trödelt, kommt er gegen ein Uhr aus der Schule nach Hause. Dann gibt's ein schnelles Mittagessen ..."

„Was heißt schnelles Mittagessen?", unterbrach sie der Therapeut.

„Meistens etwas aus der Mikrowelle, was gerade da ist, ich hab ja auch nicht viel Zeit, denn um zwei Uhr fahre ich ihn einmal in der Woche zum Klavierunterricht, zweimal zum Sport, Schwimmen und Fußball, und natürlich hole ich ihn auch wieder ab, denn er muss ja noch Hausaufgaben machen. Aber dann ist er nur unruhig und wird nicht fertig, will Fernsehen gucken oder am Computer spielen, und dann gibt es jedes Mal Streit, und deswegen sind wir hier."

„Lassen Sie den Jungen für eine Stunde bei mir. Ich will sehen, was ich für ihn tun kann."

„Ist gut", sagte die Frau, die schon mehrmals auf die Uhr geschaut hatte, „ich muss ohnehin noch zum Friseur, mein Mann und ich haben heute Abend Gäste. Setzen Sie meinen Sohn einfach ins Wartezimmer, ich hol' ihn dann ab."

Als sie allein waren, forderte der Therapeut den Kleinen auf, sich auf der Liege auszustrecken. Dann legte er sich neben ihn, nahm ihn in seine Arme, so dass das Ohr des Jungen an seinem Herzen lag, und sagte kein Wort.

Nach einer Stunde brachte er den Jungen ins Wartezimmer und bat ihn, nicht wegzugehen, bevor er nicht noch mit seiner Mutter hätte sprechen können.

Einige Zeit später schob die frisch frisierte Frau ihren Sohn nochmals ins Sprechzimmer.

„Ich wollte Ihnen nur sagen, dass ich Ihrem Sohn ins Gewissen geredet habe. Er wird jetzt ruhiger sein. Aber ich glaube, dass ich ihn noch öfter sehen werde."

14. Reinwaschen

*E*in besonders eifriger Schüler nahm jeden Morgen und jeden Abend ein Bad im Fluss, um sich von seinen schlechten Gedanken und seinen Verfehlungen zu reinigen.

Eines Tages sagte der Meister zu ihm: „Wenn du glaubst, dass das Wasser des Flusses deine Sünden und Schwächen abwaschen kann, müssten nach deiner Überzeugung alle Fische, Frösche und Krebse Heilige sein.

Reinigung von deinen Verfehlungen findest du nur in den Wassern der liebenden Güte, an den Ufern des Mitgefühls. Rein und klar ist dieses Wasser. Tauche darin ein und lasse dich tragen von den Wogen der liebenden Güte, dann ist auch deine Seele ungetrübt, und kein Fluss muss dich reinwaschen."

15. Gottes Liebe

Ein Amerikaner war in England verheiratet gewesen. Doch da seine Frau nach langer Krankheit verstorben war, beschloss er, mit seiner kleinen Tochter in seine alte Heimat zurückzukehren. Eine lange Seereise schien ihm der richtige Weg zu sein, seinen Kummer zu bewältigen.

Am zweiten Tag ihrer Reise gingen Vater und Tochter auf dem Deck des Schiffes ein wenig auf und ab. Sie standen an der Reling und sahen, wie das Schiff durch die sanften Wellen glitt. Sie gaben sich ganz der Faszination der unendlichen Weite des Meeres hin, ein jeder von ihnen bedrückt durch das tragische Ereignis, die Frau und die Mutter verloren zu haben.

Nach einer Weile fragte das Mädchen ganz leise aus ihren Gedanken heraus: „Papa, hat

Gott uns ebenso lieb wie wir Mama lieb gehabt haben?"

„Ja, das tut er, mein Liebes", antwortete der Vater. „Gottes Liebe ist das Allergrößte, das es in der Welt überhaupt gibt."

„Wie groß ist das denn?", fragte das Kind.

„Wie groß? Ich will versuchen, dir das zu erklären:

Schau über das weite Meer. Sieh nach oben und dann nach unten. Gottes Liebe ist so groß, dass sie uns weiter umgibt als alles Wasser, das du sehen kannst. Und sie ist höher als der höchste Himmel über uns und geht tiefer als die tiefste Tiefe unter uns, über die uns unser Schiff trägt."

Das Mädchen versuchte, dieses gewaltige Bild zu verstehen. Ihrem Gesicht war die große Mühe anzusehen, und ihre Augen füllten sich mit Tränen.

Schon wollte der Vater sie trösten, da umfasste sie mit beiden Händen seinen Arm und

ein Strahlen ging über ihr Gesicht, als sie sagte:
„Aber das ist ja wunderbar, weil wir mitten darin sind!"

16. Dankbarkeit

Der Herrscher ließ zehn der anmutigsten Sklaven auswählen und zu sich bringen. Einen von ihnen wollte er als seinen persönlichen Diener auswählen. Der König war aus Erfahrung klug und wusste, dass der bloße Augenschein und seine Menschenkenntnis nicht ausreichten, um einem Sklaven sein leibliches Wohl anzuvertrauen. Darum wollte er sie prüfen. Er gab jedem Sklaven ein kostbares Weinglas in die Hand und befahl ihnen, es fallenzulassen. Sie alle gehorchten seinem Befehl. Dann ging der König zu jedem einzelnen und fragte: „Warum hast du das getan?"

Neun Sklaven antworteten: „Weil du den Befehl dazu gegeben hast!" Zwar waren sie alle über den Befehl ebenso wie über die Frage verwundert, aber einen anderen Grund als den königlichen Befehl gab es ja nicht.

Als der König den zehnten und letzten Sklaven nach seinem Grund fragte, antwortete dieser: „Verzeiht, Herr, es tut mir Leid." Ihm war klar, dass der König wusste, dass sie alle seinen Befehl befolgt hatten, da würde er ihm nichts Neues mitteilen. Und da er wirklich bedauerte, das schöne Glas zerstört zu haben, gab er seinem Empfinden Ausdruck.

Der König war von der Feinfühligkeit des Sklaven sehr angetan und fragte ihn nach seinem Namen.

„Man nennt mich Ayaz."

„Gut, Ayaz, von heute an sollst du mein persönlicher Diener sein", sagte der Herrscher.

Von Tag zu Tag freute sich der König mehr über seine Wahl, und es dauerte nicht lange, da war sein Vertrauen in Ayaz so gewachsen, dass er ihm die Schlüssel zur Schatzkammer übergab und ihm die oberste Aufsicht über die Kronjuwelen anvertraute.

Der rasche Aufstieg vom Sklaven zum

Schatzmeister machte zahlreiche Minister und Höflinge neidisch, und sie missgönnten ihm seine Karriere sehr. So blieb es nicht aus, dass bald allerlei Gerüchte über Ayaz im Umlauf waren, die ihm die Gunst des Herrschers entziehen sollten. Besonders bösartig war die Behauptung, dass Ayaz jeden Tag in die Schatzkammer ginge, um nach und nach die Juwelen von dort zu stehlen. Diese dreiste Beschuldigung hinterbrachte man dem König und verlangte, dass er Ayaz für diesen Frevel töten solle. Doch der König stellte sich vor seinen Schützling und sagte: „Solange mir niemand einen Beweis für diese Unterstellung bringen kann, glaube ich kein einziges Wort. Wer es aber nicht beweisen kann, der schweige still."

Der Zweite Minister, der Anführer der Verschwörung, behauptete, den unwiderlegbaren Beweis für seine Beschuldigung liefern zu können. „Jeder, der mir nicht glauben mag, kann sich von den Tatsachen selbst überzeugen. Wenn Ayaz die Schatzkammer betritt, brauchen wir ihn nur durch dieses geheime Guckloch zu beobachten, und dann kann der Herrscher mit eigenen Augen feststellen, wie sein Günstling ihm seine Großherzigkeit lohnt."

Der Herrscher konnte sich diesem Vorschlag nicht entziehen, und so versammelten sich der König und die Verleumder am nächsten Tag zur besagten Stunde bei dem geheimen Guckloch. Wie gewohnt betrat Ayaz die Schatzkammer und öffnete die goldenen Tore des inneren Schreins, in dem die Kronjuwelen bewahrt wurden. Ayaz griff hinein, und die Beobachter hielten den Atem an. Doch trauten sie ihren Augen nicht, als Ayaz ein Bündel alter Sklavenkleider in der Hand hielt.

Noch größer wurde ihre Verwunderung über das, was sie nun mitansehen konnten. Ayaz drückte sein Gesicht in die alten Kleider, legte sie auf den Tisch, auf welchem in goldenen

Schalen duftender Weihrauch brannte. Bedächtig, wie in einer heiligen Handlung, zog Ayaz seine Sklavenkleider an. Dann trat er vor einen kristallenen Spiegel, betrachtete sich darin, legte die Hände wie zum Gebet aneinander, neigte leicht den Kopf und sprach zu der Spiegelgestalt: „Höre und sieh, o Ayaz, wer du früher gewesen bist. Das Vertrauen des Königs in deine Person hat dich zu dem gemacht, der du heute bist. Betrachte darum deine Aufgabe nicht nur als eine heilige Pflicht, sondern auch als einen Dank und eine Gegengabe für die Beweise der Liebe und Güte des Königs. Denn vergiss nie, dass du nicht dem hohen Ansehen deine Stellung verdankst, denn du warst ein Gefangener, als dich die Großherzigkeit des Königs in diesen Rang erhob und dir neue Würde verlieh. Die Erinnerung an deine Gefangenschaft verleiht dir die Kraft, seine Güte nicht zu vergessen und dir das Glück deines Lebens nicht selbst anzumaßen."

Nach diesen Worten zog Ayaz die Sklaven-kleider wieder aus, legte sie in den Schrein und verschloss ihn sorgfältig. Dann verließ er auch die Schatzkammer, und als er sich umdrehte sah er den König, der sich vor ihm verneigte.

Der König umarmte Ayaz, und tief bewegt sagte er: „Ein Verbrecher zu sein, der die Schätze des Reiches stiehlt, haben dich diese hier beschuldigt. Doch statt dass du unsere Edelsteine genommen hast, hast du uns etwas viel Wertvolleres gegeben: dass wir niemals vergessen sollen, aus welcher Ohnmacht uns der wahre Herrscher erhoben hat und uns ins Leben führte, in sein Licht und in seine Freude.

Dennoch wage ich, dich Ayaz, einen Dieb zu nennen, denn heute hast du mir mein Herz gestohlen."

17. Ratschläge

Einen alten Vater plagten die Sorgen um seinen missratenen Sohn. Er war davon überzeugt, dass nach seinem Tode der Sohn das Erbe bald durchbringen würde und dann verarmt und verachtet sein Leben fristen müsste.

Er ging zum Meister und erzählte ihm von seinem Kummer. „Du sagtest, dass dein Sohn gerne und viel trinkt, seine Freunde aushält, den leichten Mädchen nicht abgeneigt und außerdem ziemlich jähzornig ist, dich andererseits aber nie belogen hat. Darum will ich dir drei Ratschläge geben, die dein Sohn befolgen soll. Wenn er dir dies verspricht, bist du von deinen Sorgen befreit."

Der Alte merkte sich die Empfehlungen des Meisters und dankte ihm für seine Hilfe. Schon jetzt war es ihm leichter ums Herz, da er wieder Hoffnung für die Zukunft seines Sohnes gefunden hatte.

Als er nun bald darauf spürte, dass seine letzte Stunde näher rückte, rief er seinen Sohn zu sich und bat ihn, ihm als seinem letzten Willen zu versprechen, in Zukunft folgende drei Ratschläge zu beherzigen:

„Mein erster Rat ist dieser: Wenn du unbedingt ins Wirtshaus gehen willst, dann gehe erst zwei Stunden nach Mitternacht dorthin. Mein zweiter Rat lautet: Wenn du zu einem Mädchen gehen willst, dann gehe erst zwei Stunden nach Sonnenaufgang zu ihr. Und mein dritter Rat heißt: Wenn du am Abend in Zorn gerätst, dann unternimm nichts bis zum Morgen."

Der Sohn versprach, diese Wünsche seines Vaters zu befolgen, und so konnte der Alte beruhigt sterben.

Nachdem die Trauerzeit vorüber war und der Alltag in das Leben des Sohnes wieder Einzug gehalten hatte, gelüstete es ihn eines Abends heftig, ins Wirtshaus zu gehen und mit seinen Freunden ein paar Gläser zu leeren. Allein besann er sich auf sein Versprechen, und er harrte aus, bis er zwei Stunden nach Mitternacht seine Stammkneipe betrat. Doch seine fröhliche Erwartung verwandelte sich in Ekel, als er die zu dieser Zeit längst abgefüllten Zechkumpane im Vollrausch in der Ecke und auf dem Boden liegen sah. Voller Abscheu ging er fort und schwor sich, niemals im Leben dorthin zurückzukehren.

Er brauchte einige Tage, um diese Erfahrung zu verkraften, doch dann wollte er endlich wieder ein Mädchen besuchen. Das Versprechen fiel ihm ein, das er seinem Vater gegeben hatte, und so bezwang er sein Begehren und klopfte erst um zwei Stunden nach Sonnenaufgang an die Tür der Schönen. Eine verschlafene Schlampe öffnete und schnauzte ihn mit verrauchter Stimme an, was er um diese

Zeit hier wolle, er solle sich gefälligst zum Teufel scheren. Die Stimme hörte der Besucher wohl und verstand die Bedeutung der Worte, er aber wandte seinen Blick nicht ab von dem Gesicht der Frau, in dem Kajal und Schminke verschmiert waren, die nachts ihre Schönheit ausmachten, sah die Haare, die in verschwitzten Strähnen vom Kopf abstanden, und bemerkte den zerknitterten Unterrock, dessen Träger von der Schulter hing. Dieser Anblick grub sich in sein Gedächtnis, und er wusste, dass er nie wieder sie oder eine ihrer Freundinnen besuchen würde.

Da er schon zwei Drittel seiner schlechten Gewohnheiten abgelegt hatte, änderte sich unmerklich sein Lebensstil. Er gewann Spaß an seiner Arbeit und vermehrte nach und nach den ererbten Besitz. Er gewann neue Freunde und fühlte sich wohl in ihrer Gesellschaft. So konnte es nicht ausbleiben, dass er sich in die kluge und charmante jüngere Schwester eines

Freundes verliebte und sie einander heirateten.

Doch das Schicksal hatte bald eine erste Probe für ihr junges Glück bereit: Drei Monate nach der Hochzeit musste er sich auf eine langwierige Auslandsreise begeben, eilte von Ort zu Ort und kehrte erst nach eineinhalb Jahren zurück.

Es war im Spätsommer, als er in einer milden Nacht gegen zehn Uhr bei seinem Hause ankam. Er wollte sich voller Vorfreude auf das Wiedersehen gerade bemerkbar machen, als er durch das geöffnete Schlafzimmerfenster die Stimme seiner Frau vernahm, die zu jemandem sprach. Wie zwei Tiger sprangen ihn die Eifersucht und der Zorn an, und er wollte schon die Tür eintreten, als er sich plötzlich an das Versprechen erinnerte, das er seinem sterbenden Vater gegeben hatte. Und so ging er unter Schmerzen und großer Bedrängnis fort, nahm sich ein Zimmer im nächsten Hotel und kämpfte die ganze Nacht mit seinen entsetzlichen Empfindungen.

Am nächsten Morgen ging er gefasst, sich mühsam beherrschend, zu seinem Haus, zog die altehrwürdige Klingel und wartete mit bebendem Herzen.

Der Riegel wurde zurückgeschoben, die Türe öffnete sich einen Spalt, wurde dann mit einem Freudenschrei weit aufgerissen, und seine Frau warf sich in seine Arme. Das verschlug ihm zunächst die Sprache, und er ließ sich an ihrer Hand ins Haus führen. Da trat ihm lachend seine Schwiegermutter entgegen, die ihm ein hübsches Baby entgegenstreckte.

„Wessen Kind ist das?", stammelte er.

„Du Dummer", tadelte ihn seine Frau, „das ist dein Sohn, von dem ich dir in vielen Briefen schrieb!"

„Aber ich habe keine Post erhalten, da ich ständig unterwegs war. Und wo schläft das Kind?", fügte er hinzu.

„Bei mir, in deinem leeren Bett, natürlich, damit ich es beruhigen kann, wenn es aufwacht", erhielt er auf diese eigenartige Frage kopfschüttelnd zur Antwort.

Während der ganzen aufgeregten Freude anlässlich seiner Rückkehr wurde ihm allmählich klar, dass er in der vergangenen Nacht die Stimme seiner Frau im Schlafzimmer gehört hatte, die zu niemand anderem als zärtlich zu seinem Sohn gesprochen hatte. Umso glücklicher war er nun, dass er seine aufflammenden Gefühle beherrscht hatte.

Und im Stillen dankte er seinem Vater, der ihm das Versprechen abverlangt hatte, drei seltsame Ratschläge zu befolgen.

18. Vorausschauend

Einmal ging ein junger Mann von seinem Heimatdorf den einsamen Weg zum nächsten Markt. Als er schon eine Weile unterwegs war, traf er an einer Weggabelung auf ein hübsches Mädchen. Da auch sie zum Markt wollte, gingen sie nun gemeinsam weiter. Der junge Mann hatte sich einen großen Kupferkessel auf den Rücken geschnallt, denn er hoffte, auf dem Markt ein schönes Stück Geld für den Kessel erzielen zu können. In der rechten Hand hielt er ein lebendiges Huhn und einen Wanderstab, und an der linken Hand führte er eine Ziege mit sich, weil er die Tiere ebenfalls feilbieten wollte.

So waren sie schon munter plaudernd eine Weile zusammen gegangen, als der Weg sie an eine finstere Bergschlucht führte. Da blieb das Mädchen stehen und sagte: „Nein, durch diese

Schlucht werde ich nicht gehen. Gibt es keinen anderen Weg?"

„Einen anderen gibt es nicht, wie du wohl weißt", entgegnete der junge Mann. „Aber sag, warum willst du nicht durch die Schlucht gehen, die doch alle aus unseren Dörfern auf dem Weg zum Markt durchqueren müssen?"

„Du könntest die Gelegenheit ausnutzen wollen, um mich in der einsamen Schlucht zu umarmen und zu küssen", antwortete das Mädchen.

Der junge Mann war von dieser Antwort und der dreisten Unterstellung so verwirrt, dass er den heiteren Unterton des Mädchens nicht bemerkte.

„Ach, da brauchst du dir wirklich keine Sorgen zu machen. Wie sollte ich dich denn umarmen und küssen können? Ich habe einen Kupferkessel auf dem Rücken, an der einen Hand führe ich die Ziege, und in der anderen Hand halte ich ein Huhn und einen Stock."

„Nun, ich wüsste schon wie du das anstellen würdest", erwiderte das Mädchen. „Du könntest das Huhn auf die Erde setzen und den Kessel darüberstülpen, dann den Stock fest in den Boden stecken und die Ziege daran festbinden, und dann könntest du mich umarmen und küssen."

Ganz perplex starrte der junge Mann das Mädchen an, und nun nahm er auch das Zwinkern in ihren Augen wahr. Da breitete sich in seinem Gesicht ein Lächeln aus, und endlich rief er: „Der Herr segne dich für deine Weisheit!"

Und gemeinsam setzten sie ihren Weg fort.

19. Trauerarbeit

*D*er Kummer um den frühen Tod ihres einzigen Kindes brachte die junge Frau fast um den Verstand.

Die Nachbarn wollten sie trösten und empfahlen ihr, den berühmten Weisen aufzusuchen, der zwei Tagesreisen entfernt in einem Kloster lebte. Sie hofften, dass die kleine Reise das Leid der Trauernden etwas lindern würde.

Die verzweifelte Frau machte sich auf den Weg, und unter Wehklagen flehte sie den Meister an, ihren Sohn wieder lebendig zu machen.

„Bringe mir Senfkörner aus einem Haus, in dem noch nie jemand ein Leid erfahren musste, so will ich meine Kräfte dafür einsetzen, deinem Sohn das Leben zurückzugewinnen", forderte er die Mutter auf.

Von neuer Hoffnung erfüllt, verließ sie den Tempel und betrat gleich das nächste Haus, um ihre Bitte vorzubringen.

„Kein Leid – was meinst du denn damit? Schau dir den geschwollenen Leib meiner kleinen Tochter an. Sie hat schlechtes Wasser getrunken, und die Koliken bringen sie fast um."

Da bekam die Trauernde Mitleid mit dem kleinen Mädchen, und sie wusste wohl, wie auch die Mutter der Kranken litt. Sie half bei der Zubereitung eines besonderen Tees, dessen spezielle Zutaten ihr bekannt waren, und kümmerte sich mit der Mutter um die Kranke, bis das Fieber gesunken war.

Dann ging sie fort bis zu einem Haus, das reich und wohlhabend aussah, da in einem schönen Garten auch ein eigener Brunnen war.

„Wer so reich ist und einen Brunnen besitzt, der hat bestes Wasser und kennt sicher kein Leid", dachte sie.

Verwundert darüber, dass die Türen offen standen, trat sie ins Haus, doch niemand empfing sie. Zögernd ging sie weiter und sah sich in den reich ausgestatteten Räumen staunend um.

„Hier kann es einem ja nur gut gehen", sagte sie sich und öffnete vorsichtig eine Zimmertür.

Da lag in herrlichen Gewändern eine wunderschöne Frau auf einem prächtigen Diwan, die mit weit geöffneten Augen kummervoll vor sich hinstarrte. Nach einigen Rufen wandt die Schöne ihren tränenschweren Blick der Besucherin zu und hatte wohl Mühe, deren Bitte zu verstehen.

„Mein Geliebter, mit dessen Kind ich schwanger bin, hat mich um einer anderen willen verlassen, weil er meinen Anblick nicht ertragen konnte. Was soll nur aus meinem Kind und mir werden, wenn sich niemand um uns kümmert?"

Da blieb die Frau, bis das Kind zur Welt gekommen war, und sie freute sich mit ihrer Leidensgenossin über die glückliche Geburt eines gesunden Jungen.

Umso mehr fühlte sie sich ihrer Suche nach den heilbringenden Senfkörnern verpflichtet, und sie machte sich wieder auf den Weg, um ein Haus ohne Leid zu finden.

Doch wohin sie auch kam, immer erzählten ihr die Menschen von den schweren Schicksalsschlägen, die sie getroffen hatten: Da war eine Ernte verdorben, da war jemand vom Baum gestürzt, da war einer auf dem Meer geblieben, da war eine Hütte abgebrannt, da war der Ernährer gestorben – und sie, die selber ein schweres Schicksal trug, versuchte zu helfen und zu trösten, denn sie verstand das Leid der Menschen.

Und allmählich fühlte sie, dass sie ihren eigenen Schmerz tragen konnte, und sie gab ihm zusammen mit der glücklichen Erinnerung einen Platz in ihrem Herzen. Nach Hause zurückgekehrt, wunderten sich alle über ihre Seelenruhe, besuchten sie gerne und erfragten ihren Rat.

20. Bruderliebe

Zwei Brüder bewirtschafteten jeder sein Erbe, das ihnen ihr Vater in zwei gleich großen Teilen an Wiesen und Äckern hinterlassen hatte. Der ältere Bruder war verheiratet und hatte bereits zwei Söhne, während der jüngere Bruder noch Junggeselle war. Sie lebten in Frieden und brüderlicher Eintracht zusammen, und kein Zwist war zwischen ihnen.

Zur Zeit der Ernte füllten die Korngarben ihre Scheunen bis unters Dach, und beide Brüder waren dankbar und zufrieden. Eines Nachts kam dem jüngeren Bruder der Gedanke, dass er doch ein sehr selbstsüchtiger Mensch sei. Er müsse keine Familie ernähren, brauche sich nur um sich selbst zu kümmern, während sein Bruder bereits Kinder großzog und für eine vierköpfige Familie zu sorgen hatte. Da beschloss er, so viele Garben, wie er nur tragen konnte, heimlich nachts in die Scheune seines Bruder zu bringen.

Doch auch den älteren Bruder plagten Zweifel, und er meinte, doch sehr selbstsüchtig zu handeln, wenn er sein Los mit dem seines kleinen Bruders verglich: Er hatte eine glückliche Familie, eine gute Frau, die sich um alles kümmerte, ihn und die Kinder umsorgte. Sein Bruder hingegen ging ganz allein durchs Leben. Um ihn würden sich im Alter keine zwei Söhne sorgen. Außerdem würden seine Söhne bald zum Auskommen der Familie beitragen. Also sei es doch nur gerecht, wenn er dem Bruder heimlich des Nachts so viele Garben in die Scheune bringe, wie er tragen könne.

Am nächsten Morgen zählte der jüngere Bruder seine Korngarben und staunte nicht schlecht, als ihm nicht ein Körnchen fehlte. Auch der ältere Bruder zählte seine Korngarben und rieb sich verwundert die Augen, denn auch ihm fehlte nicht ein Körnchen. Sie konnten nicht glauben, was sie sahen, und deshalb trugen sie heimlich noch manche Garbe in die Scheune des anderen hinüber, doch nie hatte einer von ihnen ein Körnchen zu wenig.

Doch eines Nachts, als jeder von ihnen wieder mit so vielen Korngarben im Arm beladen war, wie er nur tragen konnte, stießen sie auf dem Weg zur Scheune des Bruders zusammen. Als sie sich von ihrem Schreck erholt und einander erkannt hatten, liefen ihnen die Tränen aus den Augen, und sie fielen sich in die Arme. Ohne ein Wort zu sagen, verstanden sie, warum ihnen niemals eine Garbe gefehlt hatte.

21. Fürsorge

Es war Winter geworden. Die Familie hatte sich abends im Wohnraum zusammengefunden, wo der Kaminofen seine behagliche Wärme ausstrahlte. Wie immer saß abseits der Großvater zusammengesunken in seinem Lehnstuhl, und niemand schenkte ihm Beachtung. Man hatte es sich angewöhnt, ihn nicht öfter anzuschauen, als unbedingt nötig, um sich durch sein Dahinwelken die gute Laune nicht verderben zu lassen.

Nur der älteste Sohn der Familie schien keine Scheu vor dem gnadenlosen Wirken des Alters zu haben. Seine liebevollen Erinnerungen an Großvaters zärtlicher Zuneigung zu ihm, an seine Geschichten aus der Vergangenheit, an die Spaziergänge an seiner Hand und an manche gemeinsamen Geheimnisse, die Großvater mit einem Augenzwinkern zu bewahren wusste, erfüllten sein Herz. Und darum war er der einzige in der Familie, der bemerkte, dass Großvater vor Kälte zitterte.

„Dem Großvater ist's kalt. Hast du nicht eine Decke für ihn?", fragte er.

„Ich hab hier keine Decke", sagte mürrisch der Vater hinter seiner Zeitung. „In der Garage liegt noch eine alte, die kannst du nehmen."

Der Sohn holte die Decke und breitete sie auf dem Boden aus. Mit einer Schere schnitt er sie mittendurch.

Verwundert sah der Vater hinter seiner Zeitung hervor. „Was soll das? Warum schneidest du die Decke in zwei Teile?"

„Die eine Hälfte ist für Großvater", antwortete sein Sohn, „und die andere Hälfte ist für dich. Die gebe ich dir dann, wenn du einmal so alt bist wie er."

22. Das Tor

*J*n einem fernen Land ritt einstmals ein Prinz
mit einer Heerschar aus, um neue Gebiete zu
erobern und seine Herrschaft zu erweitern.
Nachdem sie schon lange durch einen uralten
Wald geritten waren, tat sich vor ihnen unver-
mutet eine weite, helle Landschaft auf, aus der
sich ein schöner Berg erhob. Auf seinem Gipfel
strahlten im Licht der Sonne die Mauern eines
Schlosses, als wäre es aus lauter Gold und
Edelsteinen. Blumen blühten im grünen Gras,
Bäume säumten den steilen Weg zum Schloss,
und die Lieder zahlreicher Vögel erfüllten die
Luft.

Langsam zog die Heerschar den Berg hinan.
Der Prinz ritt vorneweg, und im Näherkom-
men erfasste ihn der Zauber des Ortes immer
mehr. Blütenduft belebte seine Sinne, und als
er das Tor schon fast erreicht hatte, schien es

ihm, als hätte ihm der wehende Vorhang in einem geöffneten Fenster den Blick auf eine engelgleiche Frauengestalt gewährt.

Augenblicklich verliebte er sich in die wunderschöne junge Dame. Und sogleich zweifelte er auch, ob er sich von einem Trugbild verführen ließ.

Mit dem aus Kupfer fein gearbeiteten Türklopfer schlug er kräftig an das eichene Tor und rief: „Macht mir auf! Ich komme in Frieden! Ich bin Prinz Unverzagt und Herrscher über sieben Städte und siebzig Dörfer. Meine Ländereien sind die reichsten, meine Armee ist die siegreichste, meine Burg ist prächtig, und meine Schatzkammern sind gefüllt. Macht mir auf, damit ich eine Weile bei euch sein kann."

„Hier ist nur Raum für einen von uns!", erklang eine sanfte Stimme aus dem Innern des Schlosses.

Wieder und wieder versuchte der Prinz, Einlass zu erhalten. Doch weder tat das Tor sich auf, noch erhielt er Antwort auf sein Rufen. So vergeblich auch seine Bitten waren, die einmal gehörte Stimme erfüllte ihn ganz. Sie durchglühte sein Herz und seine Sinne. Wunderbar war sie und gewiss kein Selbstbetrug, denn er war sich sicher, sie laut und deutlich als die Stimme der lieblichen Frau erkannt zu haben.

So zog er fort von dem Schloss und grübelte darüber nach, womit er sich der edlen Dame noch begehrenswerter machen konnte. Wenn ihr sein großes Vermögen nicht ausreichend erschien, dann wollte er nun noch weitere Gebiete erobern und noch größere Heldentaten bestehen.

Nach großen Kämpfen und heldenhaften Abenteuern überstieg sein Ruhm und Reichtum bald alle bekannten Maßstäbe. So ritt er nach langer Zeit, begleitet von seinen treusten Waffengefährten, wieder vor das Tor des Schlosses.

„Öffnet, Herrin", rief er. „Ich bin es, Prinz Unverzagt, reicher, mächtiger und berühmter als jeder andere Mann!"

„Hier ist nur Raum für einen von uns", erklang die Stimme.

Mehr erreichte er nicht. Betrübt ritt er mit seiner kleinen Schar von dannen. Er wusste keinen Rat mehr. Doch konnte er auch die innere Stimme nicht verdrängen, die ihm immer wieder diesen einen Satz zu bedenken gab.

Weil er sich nicht anders zu helfen wusste, nahm er eines Tages den Vorschlag eines Freundes an und begab sich zu einem alten Einsiedler, der als ein weiser Mann galt.

„Vielleicht machst du der Frau Angst, wenn du mit deiner Kriegerschar und in voller Rüstung vor ihrem Schlosstor stehst und Einlass begehrst", überlegte der Alte.

So legte Prinz Unverzagt die Rüstung ab und ritt alleine zum Schloss. Wiederum bat er, eingelassen zu werden.

„Hier ist nur Raum für einen von uns", erhielt er auch dieses Mal zur Antwort.

Tief betrübt erzählte er dem Eremiten, wie es ihm auch nun wieder vor dem Tor ergangen war.

„Dann musst du wohl auch den Prinzen in deinem Wesen noch ablegen", sagte nachdenklich der Alte.

Und wieder ritt der Prinz den längst bekannten Weg und schlug an das Tor.

„Ich bin's. Ein einfacher Mann, dem das Herz brennt vor Verlangen nach dir!"

So rief er und bekam doch keine andere Antwort zu hören als: „Hier ist nur Platz für einen von uns!"

Da meinte der Prinz nichts anderes, als dass ihm das Herz zu zerreißen drohte. Er glaubte, grelle Blitze vor seinen Augen zu sehen, und einen Augenblick bekam er keine Luft mehr. Ein Schwindel erfasste ihn und er sank auf die Knie.

Dann war der Taumel vorüber. Sein Atem ging still, sein Herz schlug normal, und eine große Ruhe erfüllte ihn. Langsam erhob er sich und sagte mit leiser Stimme:

„Ich bin du."

Und das Tor tat sich auf.

23. Erkennungszeichen

*E*in Offizier, der seit mehreren Jahren im Ausland Dienst tat, hatte vor vielen Monaten durch eine eher zufällige Korrespondenz eine Brieffreundin gefunden, mit der er per E-Mail und Postkarten Kontakt hielt. Er hatte sie jedoch noch nie gesehen und mit ihr noch niemals gesprochen.

Ihre Art zu schreiben, ihm ihre Gedanken und Erlebnisse mitzuteilen, ließ bald seine Zuneigung zu ihr wachsen. Sie war unzweifelhaft eine gebildete Frau, voller Charme und Ironie. Und da sie den Kontakt nicht abbrach, sondern, wie es ihm schien, eher intensivierte, vermutete er, dass ihr gefiel, was er von sich erzählte.

Gerne hätte er ein Foto von ihr gehabt, doch fand sie es viel reizvoller, wenn sie sich als Fremde – als Geister, wie sie sagte – miteinander unterhielten. So blieb es, und doch wuchs ihre Zuneigung zueinander.

Die Rückkehr in die Heimat stand bevor. Der Offizier und seine Brieffreundin verabredeten, dass sie sich an einem bestimmten Tag um achtzehn Uhr unter der großen Uhr in der Halle des Zentralbahnhofs treffen wollten. Auf seine Frage, wie er sie denn ausfindig machen könnte, schrieb sie ihm, dass er sie an der roten Rose am Revers ihres Mantels erkennen könne.

Zur mit Spannung erwarteten Stunde durchquerte der Offizier die Menschenmenge in der großen Bahnhofshalle in Richtung Uhr. Eine attraktive, elegant in einem Kamelhaarmantel gekleidete, dunkelblonde Frau eilte durch die Halle und streifte ihn mit ihrer Tasche. „O, Entschuldigung bitte", rief sie und lief weiter.

Er sah ihr noch mit klopfendem Herzen nach, als sein Blick auf eine unscheinbare Frau fiel, die unter der Uhr stand und auf jemanden zu warten schien. Unruhig schaute sie sich nach allen Seiten um.

‚Ob das meine Brieffreundin ist‘, überlegte er. ‚Ich habe aber doch ein ganz anderes Bild von ihr: ruhiger, gelassener, souveräner. Nicht so nervös. Ja, auch attraktiver, etwas jünger. Eher so, wie eben die Blonde in dem schicken Mantel.

Aber sie hatte keine Rose. Und die Frau dort unter der Uhr trägt eine rote Rose am Revers. Sie wartet sicher auf mich. Habe ich mich denn so sehr getäuscht? Bin ich getäuscht worden? Ich muss mich entscheiden. Ich habe mein Wort gegeben. Also gehe ich.‘

Er ließ sich seine Zweifel nicht anmerken und stellte sich der Frau mit der Rose vor.

„Da bin ich jetzt aber erleichtert, dass Sie gekommen sind“, rief die Frau und lachte ihn an. „Wissen Sie, ich soll hier nur auf Sie warten, hat die junge Frau in dem Kamelhaarmantel gesagt. Und wenn Sie mich fragen, ob Sie mich zum Essen einladen dürften, soll ich sagen, dass sie Sie in dem Restaurant auf der anderen Straßenseite erwarten würde. Sie hat mir einen Geldschein in die Hand gedrückt und gemurmelt, es sei so eine Art Test."

24. Einfachheit

Ein junger Mann erbat sich vom Meister einen Rat.

„Ich habe für mein Leben beschlossen, dass es nicht von der Jagd nach Geld, Reichtum und Prestige bestimmt sein soll, und mich bisher auch gut daran gehalten", erklärte er. „Doch wie es der Zufall will, lernte ich eine wunderbare junge Frau kennen, die ich wirklich liebe, und auch sie liebt mich sehr. Wir haben davon gesprochen, dass wir zusammenbleiben möchten.

Doch da sie die einzige Erbin einer sehr begüterten Familie ist, bin ich sehr verunsichert, habe sogar Angst, dass sich das Geld einmal gegen uns wendet."

„Entscheidend ist nur", sagte der Meister, „wie sehr du daran hängst, reich zu sein – oder arm."

Nachdenklich nickte der junge Mann und sagte nach einer Weile: „Ich habe verstanden."

„Dann ist es gut", lächelte der Meister. „Wenn du verstanden hast, kannst du ebenso gut auch reich sein."

25. Geschenk

Auf einer abgelegenen Südseeinsel lauschte ein Schüler aufmerksam der Weihnachtserzählung der Lehrerin, die gerade erklärte: „Die Geschenke an Weihnachten sollen uns an die Liebe Gottes erinnern, der seinen Sohn zu uns auf die Erde gesandt hat, um uns zu erlösen, denn der Gottessohn ist das größte Geschenk für die ganze Menschheit. Aber mit den Geschenken zeigen die Menschen sich auch untereinander, dass sie sich lieben und in Frieden miteinander leben wollen."

Am Tage vor Weihnachten schenkte der Junge seiner Lehrerin eine Muschel von ausgesuchter Schönheit. Nie zuvor hatte sie etwas Schöneres gesehen, das vom Meer angespült worden war.

„Wo hast du denn diese wunderschöne und

kostbare Muschel gefunden?", fragte sie ihren Schüler.

Der Junge erklärte, dass es nur eine einzige Stelle auf der anderen Seite der Insel gäbe, an der man gelegentlich eine solche Muschel finden könne. Etwa zwanzig Kilometer entfernt sei eine kleine versteckte Bucht, dort würden manchmal Muscheln dieser Art angespült.

„Sie ist einfach zauberhaft", sagte die Lehrerin. „Ich werde sie mein Leben lang bewahren und dich darum nie vergessen können. Aber du solltest nicht so weit laufen, nur um mir ein Geschenk zu machen."

Mit leuchtenden Augen sagte der Junge: „Der lange Weg ist Teil des Geschenks."

26. Sprachlos

Jedes Wort des anderen wurde als Beschuldigung aufgefasst, jede Rechtfertigung wurde als Vorwurf verstanden. Zwischen den Ehepartnern schien jede Verständigung unmöglich zu sein. Deshalb sprachen sie nicht mehr miteinander und hatten sich darauf beschränkt, sich nur noch schriftlich mitzuteilen.

„Weck mich morgen um sieben!", hatte er auf einen Zettel geschrieben und seiner Frau hingelegt.

Als er aufwachte, war es halb neun. Entsetzt sprang er aus dem Bett, und der Luftzug wehte ihm einen Zettel vom Nachttisch, auf dem stand: „Sieben Uhr. Steh auf, es ist Zeit."

Jetzt üben sie, wieder miteinander zu sprechen.

27. Zuhören

Ein Mann, der die dauernden Streitigkeiten mit seiner Frau nicht länger ertragen konnte, bat den Meister um Rat und Hilfe.

„Kaum macht einer von uns den Mund auf, unterbricht ihn der andere schon. Ein Wort ergibt das andere, dann haben wir gleich wieder Streit miteinander, und jeder von uns ist mürrisch und schlecht gelaunt", sagte der Mann.

„Dabei lieben wir uns doch, aber so kann es nicht weitergehen. Ich weiß einfach nicht mehr, was ich machen soll."

„Du musst lernen, deiner Frau zuzuhören", sagte der Meister. „Und wenn du sicher bist, dass du diese Regel beherrschst, dann komme wieder zu mir."

Nach drei Monaten sprach der Mann wieder beim Meister vor und erklärte, er habe jetzt gelernt, auf jedes Wort, das seine Frau sagt, zu hören.

„Gut", sagte der Meister mit einem Lächeln. „Wenn du in einer glücklichen Ehe leben willst, musst du jetzt noch lernen, auf jedes Wort zu hören, das sie nicht sagt."

28. Löwen bändigen

*E*in Jahr nach dem Tod seiner Frau beschloss der Witwer, eine noch junge, kinderlose Frau aus dem Nachbardorf zu heiraten, die ihren Mann verloren hatte. Die Trauerzeit hatte ihm deutlich gezeigt, dass er nicht dem Broterwerb nachkommen und gleichzeitig seinen ungebärdigen Sohn erziehen konnte. Die Frau willigte gerne ein, denn sie hatte sich schon immer gewünscht, ein Kind zu haben, um das sie sich kümmern konnte.

Der Junge lehnte die neue Frau seines Vaters vehement ab. „Du hast mir nichts zu sagen. Du bist nicht meine Mutter", waren noch die harmlosesten Reden, die er ihr entgegenrief. Immer wieder schleuderte er das Mittagessen vom Tisch, das sie mit viel Mühe ihm zu gefallen bereitet hatte. Er verweigerte die Antworten auf ihre Fragen, warf die Tür zu und ließ sie einfach stehen.

Die Frau war verzweifelt. Sie wusste sich nicht zu helfen. Vom Vater konnte sie keine Unterstützung erwarten, denn er war den ganzen Tag außer Haus und hatte in den Fragen der Erziehung seines rebellischen Sohnes ohnehin kapituliert.

Da sie sich keinen anderen Rat mehr wusste, ging die Frau eines Tages zu einem Eremiten, der in einer Felsenhöhle auf einem nahe gelegenen Berg lebte und den Einheimischen ringsum als ein weiser Mann galt.

„Ich bitte dich um einen Zaubertrank für meinen Stiefsohn", bat sie ihn flehentlich, „damit er mich so lieben lernt, wie ich ihn liebe."

„Das ist ein schwieriger Wunsch, den ich dir erfüllen soll", sagte der Weise. „Ich kann dir zwar den Trank bereiten, aber die Zutaten musst du, wenn er wirken soll, selber besorgen. Und das ist nicht ungefährlich für dich.

Denn du musst mir ein Haar aus dem Bart eines lebenden Löwen bringen."

Zerrissen zwischen Zweifel und Zuversicht, doch entschlossen, sich nicht unterkriegen zu lassen, stand die Frau in der nächsten Nacht heimlich auf und schlich sich aus dem Haus. Sie holte eine Schüssel mit Fleisch, eilte durch die schlafenden Gassen und dann ein Stück in die Wüste hinein bis zu den Felsen, wo ein großer Löwe hauste.

Im Licht des Mondes ging sie so nahe an den Felsen heran, wie es ihr Mut gerade noch zuließ. Sie hörte den Löwen brüllen, und mit rasendem Herzen ließ sie die Schüssel fallen und rannte zurück in die Sicherheit ihres Hauses.

In der kommenden Nacht ging sie mit einer Schüssel Fleisch unter dem Arm wieder heimlich in die Wüste hinaus. Ängstlich näherte sie sich dem Felsen und sah dort den mächtigen Löwen im fahlen Mondlicht stehen. Sie setze die Schüssel ab, ging vorsichtig einige Schritte rückwärts und rannte dann los, bis sie zu Hause war.

Jede Nacht nun näherte sie sich dem Löwen ein wenig mehr. Jede Nacht fraß der Löwe das Fleisch, das sie ihm brachte. Nach einiger Zeit schien es ihr so, als würde er sie erwarten. Eines Nachts setzte sie die Fleischschale in seiner Nähe ab. Der Löwe beobachtete sie genau. Aber sie rannte nicht weg, sondern ging langsam rückwärts und achtete auf den Löwen, der behutsam näher kam und gemächlich das Fleisch verzehrte.

In der nächsten Nacht stellte sie die Fleischschale in seine Nähe und lief nicht davon. Langsam kam der Löwe näher und begann aus der Schale zu fressen. Vorsichtig streckte sie ihre Hand aus und berührte zaghaft seine Mähne. Zufrieden knurrte der Löwe.

„Danke, alter Freund", murmelte die Frau und behutsam zupfte sie ihm ein Barthaar aus.

Leise zog sie sich zurück. Und dann rannte

sie los, den ganzen Weg, bis sie vor Aufregung und Anstrengung ganz außer Atem bei dem Weisen auf dem Berg ankam.

„Ich habe es geschafft!", rief sie und stürmte in seine Höhle. „Ich bringe dir das Barthaar eines lebenden Löwen!"

Drinnen saß der Einsiedler vor einem spärlichen Feuerchen. Er nahm das Haar und begutachtete es sorgfältig im Lichte der Flammen.

„Wahrhaftig, das ist das Barthaar eines lebenden Löwen. Meinen aufrichtigen Glückwunsch zu deiner großartigen Leistung", sagte er – und ließ das Barthaar ins Feuer fallen.

„Was hast du getan?", schrie sie. „Das war das Barthaar eines lebenden Löwen, das du haben wolltest, um den Zaubertrank zu bereiten! Weißt du nicht, welche Ängste und Mühen es mich gekostet hat, das Haar zu beschaffen?"

Sie hätte den alten Eremiten noch weitaus schlimmer beschimpft, wenn er nicht zärtlich ihre Hand genommen hätte.

Besänftigend lächelnd sagte er: „Kann die Liebe und das Vertrauen eines Kindes schwerer zu erobern sein, als das Zutrauen eines wilden Löwen? Geh nach Hause zu deinem Sohn und denke darüber nach, was du erlebt hast."

Nachdenklich ging die Frau zurück zu ihrer Familie. Und allmählich, mit täglich erwiesener Liebe und täglich geübter Geduld gewann sie das Vertrauen und die Liebe ihres Stiefsohnes.

29. Timing

Der alte Witwer rief einmal in der Woche seine Tochter an. Als Richterin am Landgericht war sie eine viel beschäftigte und erfolgreiche Frau. Ihr Vater war stolz auf „sein Mädchen". Nur bedauerte er, dass der Gerichtsort mehr als vierhundert Kilometer von seinem Wohnhaus entfernt war.

„Sag, wann kommst du mich besuchen? Kannst du nicht gelegentlich ein längeres Wochenende einschieben? Und wenn du noch ein paar Akten lesen musst, das kannst du auch hier, bring sie mit – Hauptsache wir sehen uns wieder", lockte der Vater.

„Ach, Vater, mache es mir doch nicht so schwer! Du weißt doch, wie es ist. Ich kann nicht einfach Gerichtstermine verlegen oder Besprechungen absagen oder für eine Verhandlung ungenügend vorbereitet sein. Versteh mich doch bitte! Ich denke doch immer an dich!"

„Würdest du denn wenigstens zu meiner Beerdigung kommen?"

„Was soll denn jetzt diese Frage, Vater? Natürlich werde ich zu deiner Beerdigung kommen!"

„Ich will dich wirklich nicht erpressen. Es ist nur so, dass ich bei meiner Beerdigung nichts mehr von dir haben werde. Ich brauche dich jetzt!"

30. Trost

Ein König hatte einen Sohn, den er zärtlich liebte. Eine schwere Krankheit befiel seinen Liebling, und alle Ärzte des Reiches konnten ihn nicht gesund machen. Hilflos musste der König ansehen, wie sein Sohn starb, und dann überließ er sich seinem grenzenlosen Schmerz. Vergebens bemühten sich seine Vertrauten, ihn zu trösten. Doch völlig teilnahmslos verweilte der König in seinem Gemach und war seit Wochen für niemanden mehr zugänglich.

Weit außerhalb der Residenz lebte ein Einsiedler, der wegen seiner Weisheit im ganzen Land gerühmt wurde und mit dem der König manchen gelehrten Disput ausgetragen hatte. Man ließ ihm den Zustand des Königs berichten und bat ihn um seine Hilfe. Der Weise fand den König in seinem Zimmer, und er tat so, als würde er den Grund des Kummers nicht kennen. So fragte er den König ganz unbefangen nach der Ursache seiner großen Traurigkeit.

„Der Sturm des Schicksals hat die schönste Blume meines Lebens zerstört", seufzte der König, „und nun bleibt mir nichts mehr, als meinen armen Sohn, den ich mehr liebte als mich selbst, bis ans Ende meiner Tage zu beweinen."

„Dein Schmerz ist berechtigt", entgegnete der Weise, „doch wird er es nicht länger sein, wenn er Herr über dich wird, da du ihm keine Grenzen zu setzen weißt. Willst du mir erlauben, dir einige Fragen zu stellen?"

Langsam nickte der König mit dem Kopf, und der Weise fragte ihn: „Kannst du erwarten, mein König, dass dein Sohn so hoch über allen Geschöpfen stehen solle, dass er auf Erden unsterblich wäre?"

„Wie hätte ich das verlangen können", flüsterte der König, „da ich doch weiß, dass der Engel des Todes keinen Spross der Erde verschont.

Aber starb mein Sohn nicht viel zu früh? Er war doch fast noch ein Kind. Ich beweine, dass er die Freuden der Jugend nicht genießen durfte, dass es ihm verwehrt war, zu einem aufrechten Manne zu reifen, dass ihm das Glück der Liebe und der eigenen Familie und auch der Lohn des Alters versagt blieb."

„Stelle dir vor, dein Sohn habe alle vier Stufen des menschlichen Alters durchlebt, und nimm weiter an, dass ihm sogar das höchste Glück zuteil geworden wäre, das Menschen auf Erden sich wünschen können, dass nämlich keine Sorgen und kein Kummer seine heiteren Tage getrübt hätten, und er lebensfroh bis ins höchste Alter dann einen leichten Tod gefunden hätte – ist für ihn, am Ende eines solch glücklichen Lebens in der Stunde seines Todes, das Leben denn mehr als ein vergänglicher Traum, den das Erwachen verscheucht? Begleiten ihn denn sein Ansehen, seine Reichtümer, seine Freuden in die Nacht des Todes?"

„Nein, mein Freund", seufzte der König.

„Wenn du das erkennst, mein König, warum bist du verzweifelt über den Verlust eines Lebens, das kurz oder lang, glücklich oder unglücklich, doch unabänderlich einmal enden muss? Erinnere dich an die Verse des Dichters, der sagt: ‚Verlängere deine Tage, wenn du es vermagst, bis jenseits der Grenzen der Natur; koste den letzten Tropfen des Vergnügens; sei Sieger und lass das ganze Erdenrund widerhallen von deinen Taten: Der Faden des Lebens hängt doch am Faden des Todes!'"

Der König vernahm die Worte wohl, und je länger er über ihre Botschaft nachdachte, je mehr milderte sich sein großer Schmerz.

31. Unvereinbarkeit

Bei einem Klassentreffen kamen die früheren Schulfreunde zusammen und erzählten, wie es ihnen in den zurückliegenden Jahren ergangen war. Sie sprachen von Ausbildung und Beruf, von ihren Reisen und ihren Familien.

„Warum hast du eigentlich nicht geheiratet?", wurde einer gefragt. „Wolltest du nicht? Oder hast du die Richtige nur noch nicht gefunden?"

„Ich wollte schon heiraten", antwortete der Klassenkamerad. „Aber ich wollte nicht die Erstbeste. Ich suchte die perfekte Frau, so wie ich sie mir wünschte. Dabei hatte ich gar keine genauen Vorstellungen, was ihr Aussehen betraf. Aber ich war überzeugt, wenn sie mir begegnen würde, würde ich sie sofort erkennen. Also hielt ich die Augen auf. Und dann auf einmal, bei einem Kongress, stand sie in der Pause neben mir. Diese Stimme, diese Augen, ihre Haare, ihre Hände, dieser Charme und ihr leiser Esprit! Ich wusste sofort, das ist sie, die Frau meiner Sehnsucht. Absolut perfekt. Wir verabredeten uns für den Abend."

„Was ist passiert? Hast du Mist gebaut? Warum hast du sie nicht geheiratet? War sie nicht mehr frei?"

„Nein, ich habe mich nicht daneben benommen. Und nein, sie war nicht verheiratet."

„Hatte sie irgendeinen Makel? War sie krank? Nun sag' schon, was los war. Mach's nicht so spannend", riefen die Schulfreunde.

„Ja, in der Tat, es gab da ein Problem", seufzte der Klassenkamerad.

„Was für ein Problem?"

„Sie suchte den perfekten Mann."

32. Vorsorglich

Die reiche Dame fand sich im Atelier eines bekannten Malers zur ersten Sitzung ein. „Ich möchte, dass Sie mich mit diamantenen Ohranhängern, einem diamantenen Collier, einer Smaragd-Armband an einem Handgelenk und einem gleichartigen Rubin-Armband an der anderen Hand porträtieren."

„Aber, gnädige Frau", protestierte der Künstler, „warum soll ich Sie so malen? Sie tragen diese Juwelen doch gar nicht!"

„Ich habe sie auch gar nicht, junger Mann. Doch wenn ich vor meinem Mann sterben sollte, wird er garantiert wieder heiraten. Und ich möchte, dass meine Nachfolgerin vor Neid erblasst und verrückt wird bei der Suche nach den Juwelen."

33. Schönheit

*E*in mächtiger König hatte die gelehrten Männer des Reiches und einige seiner beliebtesten Berater in einer entspannten Runde um sich geschart. Sie saßen auf der Gartenterrasse des Palastes und diskutierten angeregt über die Frage, was wahre Schönheit sei. Immer wieder drangen das Rufen und Lachen ihrer Kinder, die vor ihnen in den Parkanlagen spielten, in ihr Gespräch.

Da hatte der König einen Gedanken, und weil er wissen wollte, welche Antwort sich auf seine Theorie finden ließe, rief er seinen Leibsklaven zu sich und reichte ihm einen goldenen, mit kostbaren Edelsteinen herrlich geschmückten Reif.

„Gehe zu den Kindern und setze den Reif dem Kind auf den Kopf, von welchem du meinst, dass er zu seiner Schönheit am besten passt." Der Sklave wusste nur zu gut, dass mit den Launen des Herrschers nicht zu spaßen war. Behutsam nahm er den Reif entgegen und fragte sich, was ihm passieren werde, wenn er die Erwartungen des Königs nicht erfüllen würde.

Er rief die Kinder zusammen, und setzte den Reif zuerst dem hübschen Königssohn aufs Haupt.

„Vermutlich wünscht der Herrscher, dass der Reif seinen Sohn am besten schmücken soll, aber irgendwie bin ich nicht zufrieden. Sind es die Augen oder wie er den Mund verzieht?", überlegte der Sklave. „Nein, er ist es nicht. Ich will ihn einem anderen Kind aufsetzen."

So probierte er es bei einem Kind nach dem anderen. Aber nie war er wirklich zufrieden. Eine Kleinigkeit störte in seinen Augen immer. Jedesmal fehlte der Harmonie, die ihm vorschwebte, eine kleine Unzulänglichkeit.

Schließlich setzte er den goldenen Reif auch dem letzten Kind in der Reihe auf den Kopf. Der passte einfach wunderbar und schmückte den Kleinen, als wäre er speziell für ihn gefertigt worden. Einfach herrlich war der Junge anzusehen, und der Sklave nahm das Kind an die Hand, und sie traten vor den Herrscher. Der Sklave verneigte sich, und bebend vor Angst sagte er mit zitternder Stimme:

„Mein König, von allen Kindern finde ich, dass diesem Jungen der Reif am besten steht. Und wenn es mich auch mein Leben kosten sollte, da dieses Kind mein Sohn ist, so bleibe ich doch bei meiner Überzeugung."

Da lachten der König und die versammelten klugen Herren sehr herzlich.

„Behalte den Reif für deinen Sohn. Denn du hast mir genau bewiesen, was ich wissen wollte: Es ist das Herz, das die Schönheit erkennt. Sonst nichts."

34. Einseitige Ernährung

Die Gattin des Sultans war unglücklich und mager. Obwohl sie in großem Wohlstand lebte und ihr alle Köstlichkeiten des Gaumens zur Verfügung standen, war sie verhärmt und hager. Der Sultan ließ ihr süße Feigen, delikate Trauben und herrliches Naschwerk bringen, aber was er ihr auch anbot, es machte seine Gattin nicht heiterer und nicht runder.

Wenn der Sultan vom Dachgarten seines Hauses auf das kümmerliche Grundstück seines Nachbarn schaute, sah er dort dessen wohlbeleibte und fröhliche Ehefrau die Wäsche aufhängen oder die Blumen gießen.

Er ließ den Nachbarn zu sich rufen und fragte ihn: „Wie kann es sein, dass deine Frau gut genährt aussieht, immer gute Laune hat und gesund ist, obwohl du ihr doch weder erlesene Speisen noch Honigwaffeln und Zuckermandeln bieten kannst? Verrate mir das Geheimnis ihres Wohlergehens, und ich will dich reich belohnen."

„Es ist ganz einfach und keine besondere Sache", erklärte lächelnd der Nachbar. „Ich gebe ihr die Speise der Zunge."

Der Sultan war erstaunt, dass es so einfach sein sollte, das Wohlbefinden seiner Frau zu fördern. Er belohnte den Nachbarn reichlich. Dann gab er dem Koch genaue Anweisungen.

Vom nächsten Tag an erhielt die Sultansgattin zu allen Mahlzeiten Zunge von jedem Tier, das auf dem Markt angeboten wurde in allen nur erdenklichen Variationen, gegrillt, gekocht, gedünstet, mit raffinierten Marinaden und köstlichen Saucen. Doch sie blieb dünn und traurig.

Der Sultan war darüber sehr ungehalten. War seine Frau krank? Die Ärzte konnten nichts finden. Hatte der Nachbar ihn betrogen? Dann sollte er die Folgen zu spüren kriegen.

Darum befahl der Sultan, dass die Frauen ihren Platz zu tauschen hätten: Die Nachbarsfrau wohne als neue Gattin ab sofort im Palast, und die ehemalige Sultansgattin lebe von nun an im Nachbarhaus.

Niemand hätte darauf wetten wollen, was dann geschah. Mit dem Einzug in den Sultanspalast wurde die neue Gattin von Tag zu Tag trauriger und zusehends dünner.

Im Haus des armen Nachbarn aber gewann die neue Frau allmählich ihr Lachen zurück, wurde immer fröhlicher von Gemüt und schöner von Gestalt. Jeden Abend, wenn ihr neuer Gatte von seiner Arbeit heimkehrte, erzählte er ihr von den Mühen des Tages, von den großen und kleinen Ereignissen, von den Missgeschicken und den Sonderlichkeiten der Menschen, die ihm begegnet waren. Er beklagte sich nie, sondern wusste auch schwierigen

Sachverhalten noch eine heitere Sicht abzuge-
winnen, und er erzählte so lustig, dass seiner
Frau die Tränen des Lachens über die Wangen
liefen. Und wenn er nichts zu erzählen wusste,
dann nahm er seine Laute von der Wand und
spielte Lieder und Melodien, er sang dazu, und
sie tanzte. So waren ihre Abende erfüllt von
Heiterkeit und Musik, und obwohl sie nur wenig und einfaches Essen hatten, waren sie zufrieden und guter Dinge.

Während ihrer Tagesarbeit dachte die Nachbarsfrau an die heiteren Stunden, an ihre Ge-
spräche und an die munteren Geschichten.
Immer wieder kamen ihr während des Tages
schöne Erinnerungen in den Sinn, oder sie
summte eine Melodie vor sich hin, die ihr
Mann gespielt hatte. Ihre Haut bekam einen
sanften Schimmer, ihr Haar glänzte und ihre
Augen leuchteten.

Eines Tages ging sie zum Markt und begegnete ihrem früheren Mann, dem Sultan. Der

war von ihrer Anmut entzückt und wollte sie zurückhaben. Doch seine frühere Frau lehnte das Ansinnen rundweg ab und sagte: „Mit meinem neuen Ehemann geht es mir sehr viel besser als bei dir."

„Aber was hat dir der arme Schlucker denn zu bieten, was du bei mir nicht besser haben könntest? Schließlich bin ich weit und breit der reichste und mächtigste Mann. Nun verrate mir schon das Geheimnis, was deine wunderbare Verwandlung herbeigeführt hat!"

Die Frau erzählte ihm, wie sie ihre Tage und Abende im Nachbarhaus verbrachte. Sie berichtete von den Schilderungen ihres Ehemanns, von Musik und Tanz. Und allmählich dämmerte es dem Sultan. Er verabschiedete sich von seiner ehemaligen Frau und ging nachdenklich seines Weges. Er begann zu verstehen, was sein Nachbar „die Speise der Zunge" nannte.

35. Ablenkung

*E*in Fürst hatte von einer wunderschönen Sklavin gehört, die in Buchara für zweitausend Goldstücke zum Kauf angeboten wurde. Er schickte einen seiner Minister, der die Sklavin erwerben und an seinen Hof bringen sollte.

Dem Fürsten gefiel die schöne junge Frau über alle Maßen, und er übertrug ihr das Amt des Handtuchreichens.

So sah er sie jedes Mal, wenn er sich die Hände abtrocknen musste. Das Abtrocknen dauerte von Mal zu Mal länger, denn ständig schaute der Fürst dabei die schöne Sklavin an. So verging einige Zeit.

Eines Tages sagte der Fürst zu seinem Minister: „Ich habe dieser Sklavin die Freiheit gegeben und ihr ein Dorf geschenkt. Stelle du die Urkunden aus und veranlasse, dass sie einen ihr würdigen Mann heiratet und nicht mehr in meine Nähe kommt."

Sehr verwundert über diesen seltsamen Befehl wagte der Minister nach dem Grund für diesen Wunsch zu fragen.

„Ich bin kein junger Mann", sagte der Fürst. „Mein Leben zählt siebzig Jahre. Und es wäre sehr unangebracht, wenn ein Siebzigjähriger sich wie ein Zwanzigjähriger beschäftigen würde. Als Siebzigjähriger muss ich mich mit dem Wohle meines Landes befassen. Ich war jedoch mit der Liebe beschäftigt. Ich war weder bei Gott, noch war ich bei den Menschen. Darum dieser Befehl."

36. Suchen und Finden

Bei einem Konzert war ein junger Mann auf eine hübsche junge Dame aufmerksam geworden, die zwei Reihen vor ihm saß und hingerissen dem Konzert lauschte. Der junge Mann aber hatte nur noch Augen für die schöne Dame. An dem Abend hatte er sich unsterblich verliebt.

In den folgenden Monaten bemühte er sich mit wachsender Verzweiflung um eine Begegnung mit der Geliebten, doch alle seine Bemühungen wurden zurückgewiesen. Als sie schließlich seinem Drängen nachgab, erklärte sie sich bereit, ihn bei der Bank am Parkbrunnen zu treffen.

Da saßen sie nun an einem herrlichen Sommertag zusammen auf einer Parkbank, und am Ziel seiner Sehnsucht griff der junge Mann in seine Tasche und holte einen Stapel Liebesbriefe hervor, die er ihr in den letzten Monaten geschrieben hatte. Wegen ihrer abweisenden Haltung hatte er sie jedoch nicht abzuschicken gewagt. Jetzt aber konnte er ihr ja alles sagen, was ihm am Herzen lag. Und so las er ihr Stunde um Stunde seine Briefe voll brennendem Schmerz, heißem Verlangen und glühender Sehnsucht vor.

„Was bist du doch für ein Narr", sagte die junge Dame schließlich. „Seit Stunden liest du mir deine Briefe vor und erklärst mir deine Sehnsucht nach mir. Seit Stunden sitze ich aber auch neben dir, doch du bist in deine Herzensergüsse vertieft."

37. Wofür man kämpft

*W*ährend des letzten Krieges beanspruchten einige Offiziere, in einem Kloster Quartier zu nehmen.

Als ihnen das gleiche karge Essen aufgetragen wurde, das die Mönche zu essen pflegten, meinte einer der Offiziere, sich empören zu müssen. Er war der Ansicht, die bevorzugte Behandlung, die sie gewohnt waren, auch hier erwarten zu können.

„Was glaubt ihr eigentlich, wen ihr vor euch habt?", rief er zornentbrannt. „Wir sind Soldaten. Wir opfern unseren Leib und unser Leben für unser Land, damit ihr und der Rest der Bevölkerung in Frieden leben könnt. Also behandelt uns gefälligst besser."

„Und wofür haltet ihr uns?", fragte der Abt mit leiser Stimme. „Wir sind auch Soldaten. Aber wir sind Soldaten der Menschenliebe.

Und im Gegensatz zu euch ist es unsere Aufgabe, alle Lebewesen zu retten. Warum sollten
wir euch also besser behandeln als uns selber?"

38. Weiterschenken

Auf dem Bahnsteig nahmen die alten und kinderlosen Eheleute Abschied von ihrem Neffen. Er reiste zum Studium in die weit entfernte Universitätsstadt. Als Jungen im Alter von acht Jahren hatten sie Günter zu sich genommen. Seine Eltern waren bei einem Autounfall ums Leben gekommen. Alle drei waren etwas verlegen. Der Abschied bedrückte sie, und sie suchten nach den richtigen Worten und Gesten.

Günter sah seine Tante und seinen Onkel liebevoll an. Sie schienen ihm noch gebeugter zu sein. Das Alter und die Last der Arbeit, dachte er. Jahr um Jahr hatte er ihr Mühen erlebt. Sie hatten ihn nicht nur versorgt, sie liebten ihn wie ein eigenes Kind. Doch wollten sie nicht Mutter und Vater genannt werden, damit er seine wirklichen Eltern nicht vergesse.

Günter nahm die Hand seiner Tante und die Hand seines Onkels. Er hielt sie fest und sagte mit stockender Stimme: „Wie kann ich euch jemals vergelten, was ihr für mich getan habt?"

„Weißt du, es gibt ein Wort, das besagt: Die Liebe der Eltern gilt ihren Kindern – und die Liebe der Kinder geht über auf deren Kinder", erklärte der Onkel.

„Aber so ist das nicht!", protestierte der Neffe. „Ich habe mich immer bemüht."

„Das wissen wir doch, mein Junge", unterbrach ihn seine Tante. „Was dein Onkel dir sagen wollte, meint: Die Liebe der Eltern ist nicht zurückzuzahlen. Sie ist weiterzuschenken an die eigenen Kinder!"

39. Lehrmeister

*I*n dem kleinen Haus am Stadtrand wohnte die Witwe mit ihrem Sohn. Sie führten ein einfaches Leben. Tagaus, tagein kümmerte sich die alte Frau um ihren Garten und um ihre Hühner, wusch die Wäsche und versorgte das Haus.

Eines Tages sagte ihr Sohn: „Ich will in die Berge ziehen und in ein Kloster eintreten, um bei einem berühmten Meister Weisheit und Erleuchtung zu erlangen."

Schweren Herzens nahm sie Abschied von ihrem Sohn. Sie wusste, dass sie ihn nicht zurückhalten durfte, denn er hatte noch nicht viel vom Leben gelernt. Sie packte sein kleines Bündel, wünschte ihm Glück auf seinem Weg und bat ihn, seine alte Mutter nicht zu vergessen.

Einige Tage war der junge Mann schon auf

der Wanderschaft, als er an einem späten Abend zur Hütte eines Eremiten kam und ihn um ein Nachtlager bat. Im Schein eines spärlichen Feuerchens teilten sie eine magere Suppe und der Einsiedler fragte ihn nach seinem Ziel.

„Ich will zu einem berühmten Meister in die Lehre gehen, um Weisheit und Erleuchtung zu erlangen. Deswegen bin ich zu einem Kloster in den Bergen unterwegs."

„Du hast noch einen sehr weiten und gefahrvollen Weg vor dir. Was lässt dich hoffen, in den Bergen deinen Meister zu finden und Erleuchtung durch jahrelanges Rezitieren von heiligen Versen? Kehr' um, Erleuchtung kannst du bei einem erlangen, der dir begegnet, eine Laterne hochhält und die Schuhe verkehrt herum an den Füßen trägt."

Die Worte des Einsiedlers verunsicherten den Wanderer. Doch da er sich geschworen hatte, den Worten der Weisen zu folgen, machte er sich am nächsten Morgen zurück auf den Weg in seine Heimatstadt. Als es zu dämmern begann, hielt er Ausschau nach Lampenträgern und schaute ihnen genau auf die Füße. Aber er konnte nichts Außergewöhnliches feststellen, an diesem Abend nicht und auch nicht in den folgenden Nächten.

Und wieder war es Nacht geworden, als er seine Heimatstadt betrat. Kein Mensch begegnete ihm, alle Einwohner schienen längst zu schlafen. Erst pochte er zaghaft an seine Haustüre, und in der Stille der Nacht schien ihm das schon ein ungebührlicher Lärm zu sein. Doch da sich im Hause nichts rührte, klopfte er lauter, und eine plötzliche Angst um seine alte Mutter erfasste ihn. Er klopfte noch lauter und rief: „Mutter, ich bin's, dein Sohn! Mache mir auf!"

Da endlich vernahm er eilig schlurfende Schritte, der Schlüssel drehte sich im Schloss, die Türe ging auf: Vor ihm stand seine Mutter, er sah ihre glücklichen Augen im Schein der

Laterne in ihrer Hand – und die Hausschuhe, in die sie in aller Eile gestiegen war, verkehrt herum an ihren Füßen.

40. Unaufhörlich

Langsam beschlichen den Autofahrer Zweifel, dass er noch in die richtige Richtung fuhr. Irgendwo muss er falsch abgebogen sein. Das letzte Hinweisschild hatte er vor einer halben Stunde gesehen. Es half nichts, als weiter durch diese Einsamkeit zu fahren, bis er jemanden nach dem Weg fragen konnte.

Endlich näherte er sich einem kleinen Bauernhaus und hielt dort an. Eine alte Frau saß auf der Bank vor dem Haus in der Sonne. Er stieg aus und ging auf den alten Herrn zu, der vor dem Haus den Rasen mähte und unaufhörlich vor sich hin pfiff. Die Töne kamen ohne erkennbare Melodie aus seinem gespitzten Mund. Er hörte nicht auf zu flöten, bis der Fahrer ihn ansprach.

Er ließ sich den Weg beschreiben, und kaum hatte der Alte seine Erklärung beendet, fing er wieder an zu flöten. „Flöten Sie immer, wenn Sie gute Laune haben?", fragte der Fahrer.

„Ach, mit Laune hat das nichts zu tun", antwortete der Alte. „Es geht vielmehr um meine Frau. Wir sind schon seit zweiundvierzig Jahren miteinander verheiratet. Und vor vier Jahren ist meine Frau erblindet. Im Alter ist es schwer zu ertragen, nur noch in Nacht und Dunkelheit zu leben. Sie fürchtet sich davor, allein und hilflos zu sein. Darum habe ich mir angewöhnt, unaufhörlich vor mich hin zu pfeifen, damit sie weiß, dass ich in ihrer Nähe bin und sie sich nicht ängstigt."

41. Nachricht

*I*n der großen Pause tollten die Kinder auf
dem Schulhof herum. Jungen spielten mit
dem Softball, Mädchen hüpften Gummi-
Twist. „Es ist immer eine Freude zu sehen, wie
die Kinder diesen tristen Asphalt-Platz – ohne
ein bisschen Grün, ohne einen Baum oder
Strauch – in eine bunte Wiese verwandeln",
dachte die Lehrerin, die die Aufsicht führte.
Vor allem achtete sie darauf, dass niemand das
Schulgelände verließ, vielleicht, um sich in
dem Laden an der Ecke ein neues Heft oder
eine Nascherei zu kaufen. Es war auch aus
Haftungsgründen verboten, den Schulhof
während der Pausen zu verlassen. Doch wer
ging da zum Tor hinaus?

„Ist das nicht Anna-Lena, die wieder aus der
Reihe tanzt?", dachte die Lehrerin. Unbere-
chenbar hatte sie die Mathematik-Lehrerin

genannt. Und alle Kollegen, die Anna-Lena unterrichteten, sprachen von ihrer Sprunghaftigkeit. Schwieriges Temperament. Aber voller guter Ideen, wenn sie einmal mitdachte.

Die Lehrerin sah gerade noch, wie die Schülerin einen Zettel an den einzigen Baum weit und breit heftete und eilig wieder auf den Schulhof lief.

„Warte nur, Mädchen, jetzt erwische ich dich", dachte die Lehrerin, und während sie zum Baum ging, überlegte sie, was Anna-Lena wohl so dringend unter Missachtung der Schulordnung mitzuteilen habe. Sie nahm den Zettel ab und faltete ihn auf. Darauf hatte das Mädchen geschrieben: „Wer immer du bist, der dies hier liest: Du sollst wissen, ich liebe dich!"

42. Schulung

Natürlich hatte er sich seine Ehe anders vorgestellt. Aber er hatte ja nicht ahnen können, dass seine hübsche, schlanke Gattin sich alsbald in einen schlampigen, ewig nörgelnden und schimpfenden Hausdrachen verwandeln sollte. Das Essen, falls sie etwas zubereitet hatte, kam aus der Fertigpackung, Wäsche, falls sie sich bequemte, die Waschmaschine anzustellen, bügelte sie grundsätzlich nicht, und Putzen war ohnehin nicht ihr Fall. Den ganzen Tag polterte sie im Haus herum, ohne mit dem Geringsten fertig zu werden.

„Warum erträgst du das alles? Lass dich scheiden oder jage sie aus dem Haus. Das ist doch kein Leben", rieten ihm die mitfühlenden Freunde.

„Aber warum denn?", fragte lächelnd der Ehemann. „Ich bin meiner Gattin zu großem

Dank verpflichtet. Ihre Art hat mich Geduld gelehrt, und ich lerne sie täglich neu. Dank ihrer Hilfe kann ich die wirklichen Belastungen im Beruf und die Unannehmlichkeiten im Leben leicht ertragen."

43. Bedeutung

*D*er Bürgermeister eines Dorfes war ein reicher und gerechter Mann von stattlicher Größe. Seit vielen Generationen ging aus seiner Familie der Bürgermeister hervor, und weil vielleicht einer seiner Vorfahren einen kahlen Kopf gehabt hatte, war seine Sippe als „König Kahlbaum" bekannt.

Der Bürgermeister lebte ruhig und zufrieden in seinem Heimatdorf. Eines Tages, als seine junge Frau auf dem Markt beim Einkaufen war, hörte sie hinter ihrem Rücken zwei Nachbarinnen schwatzen: „Vielleicht hat er ja eine gute Hausfrau", sagte gerade die eine Nachbarin, „aber ein ‚kahler Baum' wird niemals grün!" „Ja, ja, nomen est omen", erwiderte lachend die andere Nachbarin, und kichernd übertrafen sie sich mit lästerlichen Bemerkungen.

Mit hochrotem Kopf eilte die Frau nach Hause und verließ nicht mehr ihr Zimmer. Nach einiger Zeit erkundigte sich ihr Mann nach ihrem Befinden, da sie sich nicht mehr sehen lasse und auch kein Wort mit ihm gewechselt habe.

„Ich will nicht mehr mit dir sprechen, bis du deinen Namen geändert hast. Der Name ist hässlich und schändlich, und die Leute machen Witze darüber. Mit einem solchen Namen will ich nicht länger leben!"

„Wegen einer solchen Kleinigkeit ein so großer Kummer", sagte der Bürgermeister. „Seit wann ist es von Bedeutung, wie einer heißt? Wichtig ist doch nur, was er tut."

„Du kannst sagen, was du willst. Ich komme erst wieder aus meinem Zimmer, wenn du deinen Namen ändern lässt!"

„Warum soll ich mir einen künstlichen Namen zulegen? Was natürlich ist, ist auch schön. Künstlichkeit macht nichts schöner, sie ist nur eine Vorspiegelung, ein aufgesetztes Etwas, ein falscher Schein."

Doch alle diese Argumente überzeugten seine Frau nicht. Sie blieb hartnäckig, und schließlich willigte ihr Mann ein, dass sie sich zusammen auf die Suche nach einem neuen Namen begeben würden.

Nachdem sie schon einige Städte auf der Suche nach einem schönen Namen erfolglos durchstreift hatten, kamen sie in eine Stadt, da trug man gerade einen Toten zum Tor hinaus. Viele Leute gaben ihm das Geleit, und vorneweg lief einer, der ausrief: „Sein großer Name bezeugt die Wahrheit! ..." Da nahm König Kahlbaum einen aus dem Gefolge zur Seite und fragte ihn: „Sag mir, wie ist denn der Name des Toten?"

„,Unsterblicher Held' ist sein erlauchter Name", erwiderte der Fremde. Da lachte König Kahlbaum, und auch seine Frau musste schmunzeln.

In einer anderen Stadt trafen sie auf einen Bettler, der sie anflehte: „Gebt mir ein Almosen!"

„Wir geben dir gerne", sagte der Bürgermeister, „doch verrate uns zuerst deinen Namen."

„Meine gute Mutter hat mir den Namen ‚Reicher Mann' gegeben."

Verwundert gingen sie weiter und kamen in ein Dorf, da trieb ein Mann eine stattliche Kuh an ihnen vorbei. Die Frau fragte ihn: „Fremder, wie heißt du?"

„Meine gute Mutter gab mir den schönen Namen ‚Gütiger Herr'", erwiderte der Mann.

„Und was machst du?", fragte die Frau neugierig weiter.

„Ich bin Schlächter", sagte der Fremde.

Als König Kahlbaum und seine nachdenkliche Gattin wieder zu Hause waren, sagte der Bürgermeister: „Nun haben wir drei schöne Namen gefunden. Suche dir einen aus, den du annehmen willst. Ich bin mit allen Namen einverstanden, wenn du mir nur nicht mehr gram bist."

Da sagte seine Frau: „Unsterblicher Held ist gestorben; Reicher Mann geht betteln; Gütiger Herr schlägt Tiere tot. Du bist König Kahlbaum – und das ist gut so und soll auch so bleiben. Denn ich habe eingesehen, dass es nicht darauf ankommt, wie einer heißt, sondern darauf, was einer tut."

44. Verdächtig

Niemand wusste, wer den hässlichen Verdacht zuerst ausgesprochen hatte, aber das Getuschel hinter vorgehaltener Hand war nicht länger zu überhören, und die bedeutungsvollen Blicke der anderen Mönche waren nicht zu übersehen, wenn Naitô vorüberging.

Der Abt ließ ihn vor sich kommen und ermahnte ihn eindringlich, nie wieder gegen die Ordensregeln zu verstoßen und auf den morgendlichen Bittgängen die schöne junge Frau anzuschauen und gar mit ihr zu sprechen.

In demütiger Haltung kniend sagte Naitô: „Meister verzeiht mir, wenn ich gegen die Regeln verstoßen habe. Ich war in gutem Glauben, dass es der Frau hilfreich sei, ihr tröstende Worte zu sagen und dabei an Gott zu denken, statt fromme Verse zu rezitieren und dabei an eine schöne Frau zu denken."

Da lachte der Meister schallend und wusste, über welches Thema er seine Schüler am nächsten Tag unterrichten würde.

45. Angebot

Die Inhaberin einer professionellen Heiratsvermittlung redete auf den schüchternen und nicht besonders attraktiven jungen Akademiker ein: „Hören Sie, diese junge Dame ist wirklich hübsch und intelligent, genau die Richtige für Sie."

„Sie gefällt mir aber nicht", murmelte der junge Mann.

„Nun, wenn Sie auf äußere Schönheit nichts geben, so empfehle ich Ihnen diese junge Dame: Sie ist zwar nicht außergewöhnlich hübsch, doch hässlich ist sie gewiss nicht – und sie besitzt einiges an Barvermögen."

„Das ist für mich kein Kriterium."

„Na, das reicht Ihnen nicht? Schön – hier ist eine Kandidatin, die neben einem beträchtlichen Kontostand auch ein eigenes Haus und natürlich ihr eigenes Fahrzeug besitzt, außer-

dem eine Ferienwohnung in der Toscana",
schlug die Frau vor.

„Ich bitte Sie, verschonen Sie mich. Geld
spielt für mich wirklich keine Rolle!"

„Ach jetzt habe ich Sie verstanden: Sie su-
chen eine Tochter aus gutem Hause. Auch da
kann ich Ihnen gerne behilflich sein. Diese
junge Dame stammt aus einer alten Arztfami-
lie; seit Generationen alles Mediziner, einige
Juristen darunter. Das ist die Richtige für Sie
und hübsch ist sie auch", strahlte die Heirats-
vermittlerin.

„Hören Sie, ich will von all den Dingen
nichts wissen. Wenn ich heirate, werde ich nur
aus Liebe heiraten!"

„Nur nicht gleich verzweifeln, junger Mann.
Auch dafür kann ich Ihnen ein attraktives An-
gebot machen!"

46. Ausweg

*E*in Mann hatte sich vorgenommen, auf seinem Grundstück einen wunderbaren Rasen anzulegen. Dicht und federnd sollte er sein, und an den Rändern sollten ausgesuchte Blumen mit bunten Blüten das tiefe Grün des Rasens noch mehr zur Geltung bringen.

Der Boden wurde vorbereitet, teuerstes Saatgut wurde ausgebracht, dann wurde gedüngt und gewässert, und schon nach einigen Tagen zeigte sich das erste Grün.

Der Rasen wuchs prächtig. Regelmäßiges Schneiden, Düngen und Vertikutieren ließen ihn gedeihen.

Eines Tages jedoch zeigte sich ein Löwenzahn. Das war nun nicht die Blume, die der Gärtner in seinem Rasen sehen wollte. Er stach sie aus. Am nächsten Tag erblühten schon vier Löwenzahnpflänzchen. Und dann ging es richtig los: Überall breitete sich der Löwenzahn aus, gerade so, als wenn er auf den gepflegten Rasen nur gewartet hätte, von dem allerdings bald nicht mehr viel zu sehen war.

Der Gärtner war verzweifelt. Keines seiner chemischen Mittel half. Im Gegenteil, der Löwenzahn gedieh prächtig.

In seiner Not suchte der Gärtner Rat bei allen Gärtnern der Umgebung. Jeder pries aus dem reichen Schatz seiner Erfahrungen das beste Mittel. Doch jedes Mal sagte der Mann, er habe das alles schon probiert, nichts habe geholfen.

Nur ein alter Gärtner wusste einen Rat, den ihm noch niemand unterbreitet hatte.

„Ich schlage vor", sagte der alte Gärtner, „dass du anfängst, den Löwenzahn zu lieben."

47. Aufbau des Herzens

Der Meister sagte: „Das Herz des Menschen besteht aus drei Teilen: Ein Teil gleicht einem Berg, den nichts bewegen kann. Ein Teil gleicht einem Baum, der fest verwurzelt ist und dessen Krone ab und zu der Wind bewegt. Und ein Teil gleicht einer Feder, die sich vom Wind in jede Richtung treiben lässt."

In gleicher Ausstattung sind im Verlag Herder erschienen:

Norbert Lechleitner
Balsam für die Seele
Freundschaft
Überraschende Weisheitsgeschichten, die Sympathie schenken
ISBN 978-3-451-30490-3

Norbert Lechleitner
Balsam für die Seele
Glück
Überraschende Weisheitsgeschichten, die inspirieren
ISBN 978-3-451-30491-0

Norbert Lechleitner
Balsam für die Seele
Kraft
Überraschende Weisheitsgeschichten, die stark machen
ISBN 978-3-451-30492-7

MIX
Papier aus verantwor-
tungsvollen Quellen
FSC® C106847

© Verlag Herder GmbH, Freiburg im Breisgau 2011
Alle Rechte vorbehalten
www.herder.de

Umschlaggestaltung und Schmuckvignetten: Nina Chen
Satz: Layoutsatz Kendlinger
Herstellung: fgb · freiburger graphische betriebe
www.fgb.de

Printed in Germany

ISBN 978-3-451-30493-4